AT MIDDLE AGE

A Learning Guide

人到中年

to accompany the film
AT MIDDLE AGE

Second Edition

馬靜恒編

Jing-heng Ma

Second Edition

ISBN 978-0-892-64103-1

Printed in the United States of America

10 9 8 7 6 5 4 3 2 1

Contents

Acknowledgments

In preparing the second edition of this book, I should like to express my gratitude to my colleagues at Wellesley College, Ruby Lam, Yuehua Liu, Jia Ni, and Marina Sung, for the time and effort they spent in reading this material. Their comments and criticisms were much appreciated. I am particularly indebted to my students, who have taught me while I have attempted to teach them.

I am deeply indebted to Allen Rowe of the Monterey Institute of International Studies for his help in developing the commentary on the film which enhances this book a great deal. I am also indebted to Hu Qian of the Monterey Institute of International Studies for going through the painstaking task of reading and correcting the script.

Very special thanks go to Edward Trager for his design and editorial skills. He also made a number of helpful suggestions for this edition. I should also like to express my thanks to Walter Michener, Editor at the Center for Chinese Studies at the University of Michigan, for his skill and diligence in supervising the production of this book.

Finally, I would like to thank my husband, Wei-yi Ma, for his support and his handsome calligraphy on the cover of this book.

Jing-heng Ma

Note on the Second Edition

This second edition contains several modifications in response to comments and suggestions from both instructors and students. The three volumes of the earlier edition have been incorporated into a single volume. At the same time, the vocabulary section has been made more comprehensive; for the convenience of teachers, a table has been added giving a breakdown of the number of vocabulary words presented in each scene; and a phonetic index of vocabulary words appears at the end of the volume.

Finally, this edition contains a "Commentary" section, which consists of a scene-by-scene explanation, in simple Chinese, of the action of the film. This commentary was developed by Tsengtseng Chang of the Monterey Institute of International Studies in conjunction with the author and is the text of the second audio track for the newly released videodisc version of the film. The commentary should prove useful for classes using videocassettes as well as for those using videodiscs.

Preface

This Learning Guide is to be used in conjunction with the film **Réndào Zhōngnián** 人到中年 (**"At Middle Age"**), filmed and produced in China in 1982. The film is based on the highly regarded novella **Zhōngpiān Xiǎoshuō** 中篇小説 of 1979-1980, by Chén Róng 諶容.

Video films offer exciting possibilities for language teaching and learning. It is well known that visual and audio aids together are a dynamic combination, invaluable in language instruction. Not only do films let the student hear the language spoken by a native speaker, but they also depict the people, lifestyle, and culture of the target language. They bring to the classroom a realism that cannot be attained otherwise. Used properly, video films have the potential for becoming very powerful teaching tools. Their major drawback for language instruction is that they cannot be completely comprehended by non-native speakers of the language, and students may become frustrated and disheartened. It is essential, therefore, that the language teacher select appropriate films and prepare supplementary materials to accompany them.

This material was developed over a two-year period and is currently being used in third-year Chinese classes at Williams College in Williamstown, Massachusetts, and at The University of Michigan in Ann Arbor, Michigan. Prerequisite to its use is proficiency in the basics of Chinese grammar and vocabulary as presented in textbooks such as Parker Po-fei Huang and Hugh M. Stimson's **Spoken Standard Chinese I & II** and **Written Standard Chinese I & II**, J. DeFrancis's **Beginning Chinese** and **Beginning Chinese Reader Parts I & II**, or Henry C. Fenn and M. Gardner Tewksbury's **Speak Mandarin** and **Read Chinese Books I & II**. The student should also be familiar with the 600 characters plus compounds presented in those series.

The text is intended to integrate the four components of language competence: (1) aural comprehension, (2) reading comprehension, (3) oral expression, and (4) written expression. The instructor is free to decide his or her functional objectives in using these materials--whether to stress aural-oral proficiency and comprehension or reading comprehension along with written expression. Decisions about how best to use these materials should depend on the needs of the students and the specific objectives and goals of the course.

The language-learning process should begin as a visual experience. After initial exposure to the material, the process should continue with listening and speaking practice, and finally the material should be reinforced by reading and writing. The instructor should create a cassette of the script and make sure that the cassette and video are available for use both in class and in the language lab. Audio-visual equipment for frequent classtime viewing is also necessary. This material should be used as seriously as a textbook would be used. Class schedules, discussions, and drills must be carefully designed to meet the needs of the students for provocative and thorough language learning. In order to sustain interest, ask the students to watch only the part of the movie covered in each class. This teaching method has been found effective for past students:

1. First, have the students watch the part of the movie that will be discussed in class.
2. Have the students listen to a cassette of the scenes to be discussed in class.
3. Explain the background of the movie and aspects of cultural interest to the students.
4. While showing the movie, stop it often (with a remote control) to discuss the scenes, using as much Chinese as possible, translating only the parts which are the most difficult for the students.
5. Read, and have the students read, the script during class and go over the sample vocabulary sentences.
6. Assign the sentences and written exercises to the students as homework.
7. Review the scenes covered the previous day and continue discussion practice.
8. Have frequent oral and written quizzes and tests.

The text is divided into four parts. **Part I** consists of a brief synopsis of the film in English and provides essential background information. It also contains the film's complete Chinese script, which can be used for reading comprehension. **Part II** contains a vocabulary list to facilitate the student's understanding of the film. The list consists of 403 items. 157 of these, marked with asterisks, are for recognition purposes only; the 246 unmarked items are to be learned. The students should be able to recall these from memory and be able to write them correctly. In order to assist teachers, the author has included a table listing the number of vocabulary words for each scene. Part II also contains sample sentences utilizing the vocabulary from the list of items to be learned. The sentences give the student an additional opportunity to see the new items and illustrate their use in different contexts. **Part III** is designed to be a student workbook. It consists of 21 exercises, each composed of two parts: questions and answers, and sentence formulation. These exercises may be used for in-class discussion, for written homework, or for both. **Part IV**, the commentary, contains a scene-by-scene explanation, in simple Chinese, of the action of the film. Students should read and listen to the cassette tapes of the commentary at home: doing so will not only help them understand the film more thoroughly, but will also enable them to discuss what has happened in each scene in Chinese. Finally, this volume contains a phonetic **Index**, based on the pinyin system, of the 399 vocabulary words. The index indicates the scene in which each entry occurred and its vocabulary number and can be used for review and self-testing.

The *pīnyīn* system of romanization is used in this text. Unless otherwise specified, the joining of syllables complies with the practices followed in other literature that uses the pinyin system. If **n** occurs before a vowel in the middle of a word, it is read as part of the following syllable. For example:

yìnián = yì + nián 一年

If **ng** occurs before a vowel in the middle of a word, **n** is read as part of the preceding syllable and **g** is read as part of the following syllable. For example:

zhēnguài = zhēn + guài 眞怪

Exceptions to these rules will be marked with an apostrophe. For example:

gōngānjú = gōng'ānjú 公安局

yìqīngèrchǔ = yìqīng'èrchǔ 一清二楚

liànài = liàn'ài 戀愛

fángài = fáng'ài 妨礙

For standardized sayings, proverbs, idioms, or cliches, hyphens are used to join two or more syllables. For example:

jiào-kǔ-lián-tiān 叫苦連天

bīng-dòng-sān-chǐ 冰凍三尺

yì-guó-tā-xiāng 異國他鄉

rén-dào-zhōngnián-wànshìxiū 人到中年萬事休

Blank spaces indicate places which **can** under certain conditions be separated by a pause or by insertion of additional elements. For example:

chá zìdiǎn	查字典
jié hūn	結婚

This type of material is experimental. We invite anyone who has suggestions or corrections for further revison of this material to write to the author.

Synopsis

At Middle Age takes place in 1978, two years after the official end of the Cultural Revolution. The movie depicts the life of a middle-aged ophthalmologist, Lù Wéntíng, a member of the generation most affected by the Cultural Revolution—those who came of age just as the Revolution started, and whose careers were stunted by the Revolution.

The film begins with Lù Wéntíng in the hospital, apparently in critical condition. We slowly learn what has brought her to this state—the burdens of trying to raise a family in post-Cultural-Revolution China. Originally an enthusiastic, attractive, and bright medical student, Lù, presumably along with many others like her, lost her motivation.

The constant demands of the family, the low status of intellectuals in the eyes of society, poor living and working conditions, low salary, and general lack of recognition all contribute to the excessive burden borne by China's currently middle-aged generation. The film portrays two options that members of this generation have as they strive to meet the challenges of their lives. They may encounter a near-certain physical or mental breakdown as Lù experiences, or they may be so overcome with these burdens that they flee China, as does Lù's contemporary and confidante, Jiāng Yáfēn.

Jiāng Yáfēn, also a middle-aged doctor, has decided to go to Canada with her husband rather than to remain in China and wait for the situation to improve. Although they are less than overjoyed at the prospect of leaving China and especially their friends Lù and her husband, to them it seems the better of two evils. This is despite their awareness that the situation for intellectuals is gradually improving. To them, the improvements are too late and too slow to bring about a better life for them and their daughter.

The film also portrays a sense of the Chinese frustrations with the Communist bureaucracy. Qín Bō, the wife of a party member on whom Lù is to perform an operation, presents herself as an over-zealous and demanding party member. Despite the excellence of Lù's work, Qín is constantly questioning Lù's qualifications because she occupies a lowly rank. Lù and most other middle-aged intellectuals are trapped in lowly positions, because a large ineffectual elderly generation remains in the senior ranks, making it difficult for the middle-aged generation to gain the status, rank, and financial rewards that are commensurate with their contributions.

The movie ends as Jiāng departs for Canada and Lù departs the hospital, somewhat recovered. Neither woman's situation looks bright—reflecting, of course, the hardships endured by the current middle-aged generation as a result of the Cultural Revolution.

生詞統計表

Vocabulary Count

幕數	生詞總數	必記的生詞	瞭解的生詞
1	11	6	5
2	35	25	10
3	3	1	2
4	0	0	0
5	31	17	14
6	13	8	5
7	71	49	22
8	15	8	7
9	44	29	15
10	2	2	0
11	5	4	1
12	14	13	1
13	9	9	0
14	161	117	44
15	13	10	3
16	21	11	10
17	3	1	2
18	21	17	4
19	9	5	4
20	16	14	2
21	3	2	1
22	5	4	1
23	11	8	3
24	32	12	20
25	4	3	1
26	0	0	0
27	8	5	3
28	25	18	7
29	12	8	4
30	10	5	5
31	17	8	9
32	2	2	0
總計	626	421	205

電影常用語

Film Terminology

traditional	*simplified*		
製片	制片	zhìpiàn	producer
製片廠	制片厂	zhìpiàn chǎng	movie studio
編劇	编剧	biānjù	screen writer; to write a play
導演	导演	dǎoyǎn	director
人員	人员	rényuán	personnel, staff
攝影	摄影	shèyǐng	photography
錄音	录音	lùyīn	recording
作曲	作曲	zuòqǔ	musical composition
剪輯	剪辑	jiǎnjí	(film) editing
照明	照明	zhàomíng	lighting
音響	音响	yīnxiǎng	sound effects
化裝	化装	huàzhuāng	make-up
服裝	服装	fúzhuāng	costumes
道具	道具	dàojù	props
佈景	布景	bùjíng	stage setting
指揮	指挥	zhǐhuī	(musical) conductor
演奏	演奏	yǎnzòu	instrumental performance
演員	演员	yǎnyuán	actor
男主角	男主角	nán zhǔjue	leading actor
女主角	女主角	nǚ zhǔjue	leading lady
對白	对白	duìbái	dialogue

人物表

Characters

traditional

陸文婷：	Lù Wén-tíng	中年眼科大夫
傅家杰：	Fù Jiā-jíe	陸文婷的丈夫
孫主任：	Sūn zhǔ rèn	眼科主任
趙院長：	Zhào yuàn zhǎng	醫院院長
姜亞芬：	Jiāng Yǎ-fēn	眼科女大夫，陸文婷的同學、好友
老劉：	lǎo Liú	姜亞芬的丈夫
圓圓：	Yuán-yuán	陸文婷的兒子
佳佳：	Jiā-jiā	陸文婷的女兒
焦成思：	Jiāo Chéng-sī	副部長
秦波：	Qín Bō	焦成思的妻子
陳奶奶：	Chén nǎi-nai	鄰居老太太
張大爺：	Zhāng dà yé	眼科病人
王小曼：	Wáng Xiǎo-màn	小女孩兒，眼科病人

simplified

陆文婷：	Lù Wén-tíng	中年眼科大夫
傅家杰：	Fù Jiā-jíe	陆文婷的丈夫
孙主任：	Sūn zhǔ rèn	眼科主任
赵院长：	Zhào yuàn zhǎng	医院院长
姜亚芬：	Jiāng Yǎ-fēn	眼科女大夫，陆文婷的同学、好友
老刘：	lǎo Liú	姜亚芬的丈夫
圆圆：	Yuán-yuán	陆文婷的儿子
佳佳：	Jiā-jiā	陆文婷的女儿
焦成思：	Jiāo Chéng-sī	副部长
秦波：	Qín Bō	焦成思的妻子
陈奶奶：	Chén nǎi-nai	邻居老太太
张大爷：	Zhāng dà yé	眼科病人
王小曼：	Wáng Xiǎo-màn	小女孩儿，眼科病人

Part One
Script

第一部分
電影對白

Part One Script

人到中年 對白

第一景

陸文婷: 我是在以往的夢中，還是在死亡的門前？
趙院長: 孫老，您看。
孫主任: 噢，心肌梗塞…
趙院長: 繼續靜脈滴注極化液，注射罌粟鹼。
趙院長: 孫老，我記得陸大夫剛到我們醫院的時候，身體很好嘛。
孫主任: 是啊，十八年了…

第二景:

孫主任: 請坐，你願意在眼科嗎？
陸文婷: 願意，我在學校的時候就對眼科感興趣。
孫主任: 爲什麼？
陸文婷: 因爲我們國家的眼科太落後了。
孫主任: 你講一講。
陸文婷: 我講不好，我覺得有些手術我們還是空白。
孫主任: 請你講得具體一點。
陸文婷: 比如，用激光封閉視網膜破口，我們應當嘗試。
孫主任: 是啊！
陸文婷: 還有…
孫主任: 嗯，噢，講，講！
陸文婷: 用冷凍摘除白內障，我們也應當普遍地推廣。
孫主任: 對，對，對。你能看外文資料嗎？
陸文婷: 查字典看，很吃力。

人到中年 对白

第一景

陆文婷：　我是在以往的梦中，还是在死亡的门前？
赵院长：　孙老，您看。
孙主任：　噢，心肌梗塞…
赵院长：　继续静脉滴注极化液，注射罂粟硷。
赵院长：　孙老，我记得陆大夫刚到我们医院的时候，身体很好嘛。
孙主任：　是啊，十八年了…

第二景：

孙主任：　请坐，你愿意在眼科吗？
陆文婷：　愿意，我在学校的时候就对眼科感兴趣。
孙主任：　为什么？
陆文婷：　因为我们国家的眼科太落后了。
孙主任：　你讲一讲。
陆文婷：　我讲不好，我觉得有些手术我们还是空白。
孙主任：　请你讲得具体一点。
陆文婷：　比如，用激光封闭视网膜破口，我们应当尝试。
孙主任：　是啊！
陆文婷：　还有…
孙主任：　嗯，噢，讲，讲！
陆文婷：　用冷冻摘除白内障，我们也应当普遍地推广。
孙主任：　对，对，对。你能看外文资料吗？
陆文婷：　查字典看，很吃力。

孫主任:　　噢。

陸文婷:　　不過我喜歡外文。

孫主任:　　太好了，陸文婷同志，我們眼科歡迎你。

姜亞芬:　　文婷，你留在眼科了？

陸文婷:　　嗯。

姜亞芬:　　啊呀，聽說那位孫教授特別嚴格。

陸文婷:　　那不是更好嗎？你呢？

姜亞芬:　　我無所謂，就是別上小兒科，整天嘰呱亂叫的，煩死人了。唉，你知道嗎？咱們醫學院畢業的，也得當四年住院醫，每天二十四小時必需呆在醫院裡，四年之內不準結婚，哼，簡直是修道院。

陸文婷:　　亞芬，那咱們就一起修道吧！

第三景

姜亞芬:　　孫主任，您看。

孫主任:　　嗯。

姜亞芬:　　陸大夫要講話。

孫主任:　　噢。

姜亞芬:　　文婷，文婷，文婷，她 …

孫主任:　　快，叫他愛人來。

姜亞芬:　　欸。

姜亞芬:　　傅家杰。

佳佳:　　爸爸，爸爸，我要媽媽，爸爸。

傅家杰:　　好的，爸爸去去就來啊，好吧，乖，噢。爸爸剛才怎麼跟你說的。

姜亞芬:　　家杰，你快去吧。

圓圓:　　爸爸。

姜亞芬:　　佳佳不哭，乖乖，聽話。

佳佳:　　姜阿姨，我要媽媽。

孙主任: 噢。

陆文婷: 不过我喜欢外文。

孙主任: 太好了，陆文婷同志，我们眼科欢迎你。

姜亚芬: 文婷，你留在眼科了？

陆文婷: 嗯。

姜亚芬: 啊呀，听说那位孙教授特别严格。

陆文婷: 那不是更好吗？你呢？

姜亚芬: 我无所谓，就是别上小儿科，整天叽呱乱叫的，烦死人了。唉，你知道吗？咱们医学院毕业的，也得当四年住院医，每天二十四小时必需呆在医院里，四年之内不准结婚，哼，简直是修道院。

陆文婷: 亚芬，那咱们就一起修道吧！

第三景

姜亚芬: 孙主任，您看。

孙主任: 嗯。

姜亚芬: 陆大夫要讲话。

孙主任: 噢。

姜亚芬: 文婷，文婷，文婷，她 ...

孙主任: 快，叫他爱人来。

姜亚芬: 欸。

姜亚芬: 傅家杰。

佳佳: 爸爸，爸爸，我要妈妈，爸爸。

傅家杰: 好的，爸爸去去就来啊，好吧，乖，噢。爸爸刚才怎么跟你说的。

姜亚芬: 家杰，你快去吧。

圆圆: 爸爸。

姜亚芬: 佳佳不哭，乖乖，听话。

佳佳: 姜阿姨，我要妈妈。

姜亞芬:　　噢，好，圓圓，你好好看着妹妹。
圓圓:　　嗯，妹妹，别哭了。
傅家杰:　　文婷，文婷！快拿水來！她説她渴。
　　文婷，文婷！
陸文婷:　　是他的聲音，是家杰的聲音，怎麼那麼遥遠…，那麼遥遠…

第四景

陸文婷:　　清楚嗎？
傅家杰:　　二。
陸文婷:　　這？
傅家杰:　　四。
陸文婷:　　嗯.
傅家杰:　　二。 陸大夫，謝謝，真太感謝你了。陸大夫，還沒問過你的名字。
陸文婷:　　我叫陸文婷。
傅家杰:　　陸文婷…

第五景

傅家杰:　　“我願意是激流，只要我的愛人是一條小魚，在我的浪花裡，快樂地游來游去。我願意是荒林，只要我的愛人是一隻小鳥，在我那稠密的樹林裡做窩、鳴叫。我願意是廢墟，只要我的愛人是青春的常春藤，沿着我荒涼的額，親密地攀援上升。”
陸文婷:　　這是誰的詩？
傅家杰:　　匈牙利詩人裴多菲的。
陸文婷:　　真怪，研究金屬力學的，還有時間讀詩。
傅家杰:　　搞科學也需要幻想啊！你喜歡詩嗎？
陸文婷:　　我？
傅家杰:　　嗯。

姜亚芬：　　噢，好，圆圆，你好好看着妹妹。

圆圆：　　嗯，妹妹，别哭了。

傅家杰：　　文婷，文婷！快拿水来！她说她渴。
文婷，文婷！

陆文婷：　　是他的声音，是家杰的声音，怎么那么遥远…，那么遥远…

第四景

陆文婷：　　清楚吗？

傅家杰：　　二。

陆文婷：　　这？

傅家杰：　　四。

陆文婷：　　嗯.

傅家杰：　　二。陆大夫，谢谢，真太感谢你了。陆大夫，还没问过你的名字。

陆文婷：　　我叫陆文婷。

傅家杰：　　陆文婷…

第五景

傅家杰：　　“我愿意是激流，只要我的爱人是一条小鱼，在我的浪花里，快乐地游来游去。我愿意是荒林，只要我的爱人是一只小鸟，在我那稠密的树林里做窝、鸣叫。我愿意是废墟，只要我的爱人是青春的常春藤，沿着我荒凉的额，亲密地攀援上升。”

陆文婷：　　这是谁的诗？

傅家杰：　　匈牙利诗人裴多菲的。

陆文婷：　　真怪，研究金属力学的，还有时间读诗。

傅家杰：　　搞科学也需要幻想啊！你喜欢诗吗？

陆文婷：　　我？

傅家杰：　　嗯。

陸文婷:	我不懂詩，做手術不能幻想，一針一線都很嚴格。
傅家杰:	不，你的工作能讓千萬人重見光明，它就是一首最美的詩。
陸文婷:	家杰…
傅家杰:	給我。哦，太好了。
陸文婷:	來，擱這兒。
傅家杰:	嗯。哈，哈。
陸文婷:	怎麼了？
傅家杰:	喏，你看。
陸文婷:	喔…
傅家杰:	噢。

第六景

姜亞芬:	哎，世界上又少了兩個自由的人了。
傅家杰:	欸，你勸勸她。
陸文婷:	嗯，亞芬，你跟劉大夫也結婚吧。
姜亞芬:	哼，文婷，結婚？結婚是戀愛的墳墓。我，哼，我才不呢。
傅家杰:	欸，你說的太可怕了。我們是新中國的新一代人，我們生活的道路上充滿了陽光，我們將生活在花園裡，而不是在墳墓裡。
姜亞芬:	唔，唔。
劉大夫:	恭喜，恭喜！
傅家杰:	欸，老劉。你好。
劉大夫:	祝賀你們啊，來，給，拿着！
傅家杰:	謝謝。
劉大夫:	欸，傅家杰，給我介紹介紹經驗，你是怎麼攻下城堡的，啊？
陸文婷:	去你的！
劉大夫:	哈哈哈。
傅家杰:	哈哈哈。
傅家杰:	老劉，今天晚上你一定來。
劉大夫:	欸。

陆文婷：　　我不懂诗，做手术不能幻想，一针一线都很严格。

傅家杰：　　不，你的工作能让千万人重见光明，它就是一首最美的诗。

陆文婷：　　家杰…

傅家杰：　　给我。哦，太好了。

陆文婷：　　来，搁这儿。

傅家杰：　　嗯。哈，哈。

陆文婷：　　怎么了？

傅家杰：　　喏，你看。

陆文婷：　　喔…

傅家杰：　　噢。

第六景

姜亚芬：　　哎，世界上又少了两个自由的人了。

傅家杰：　　欸，你劝劝她。

陆文婷：　　嗯，亚芬，你跟刘大夫也结婚吧。

姜亚芬：　　哼，文婷，结婚？结婚是恋爱的坟墓。我，哼，我才不呢。

傅家杰：　　欸，你说的太可怕了。我们是新中国的新一代人，我们生活的道路上充满了阳光，我们将生活在花园里，而不是在坟墓里。

姜亚芬：　　唔，唔。

刘大夫：　　恭喜，恭喜！

傅家杰：　　欸，老刘。你好。

刘大夫：　　祝贺你们啊，来，给，拿着！

傅家杰：　　谢谢。

刘大夫：　　欸，傅家杰，给我介绍介绍经验，你是怎么攻下城堡的，啊？

陆文婷：　　去你的！

刘大夫：　　哈哈哈。

傅家杰：　　哈哈哈。

傅家杰：　　老刘，今天晚上你一定来。

刘大夫：　　欸。

姜亞芬:　　文婷。

第七景

趙院長:　　繼續監視心電變化，要特別注意血壓的變化。

大夫:　　好。

趙院長:　　她親人來了嗎？

孫主任:　　傅家杰同志，他在研究所工作。

趙院長:　　唔，看樣子，你也不大會保養身體呀！你要多辛苦嘍，病人需要一級護理。你家還有甚麼人？

傅家杰:　　兩個孩子。

趙院長:　　嗯。眼科能不能抽人幫助護理啊？

孫主任:　　一兩天當然可以，長期嘛…

趙院長:　　啊呀，還是先顧眼前吧，過兩天有甚麼問題，醫院再想辦法。這是個信號啊，中年大夫，我們的骨幹力量，身體素質一年不如一年，工作擔子重，生活負擔也很重，長此下去…

孫主任:　　按規定，如果憑考試晉升，他們早該是主任級大夫了，可實際上呢，連個主治大夫都不是，可倒好，十八年一貫的住院大夫。

趙院長:　　陸文婷的工資是多少？

孫主任:　　五十六塊半。

趙院長:　　哼，難怪人家說，拿手術刀不如拿剃頭刀，唉，去年怎麼沒給她調級呀？

孫主任:　　僧多粥少啊。

趙院長:　　欸，孫老啊，請你和支部的同志商量一下，把眼科中年大夫的工作、生活情況搞個材料給我。

孫主任:　　有用嗎？開科技大會的時候就讓搞，還不是石沉大海。

趙院長:　　孫老，你就不要發牢騷嘍。中央三令五申要珍惜人才，落實知識份子政策，總不能到了下邊就變成了空話吧！我相信還是會解決的。唉，沒聽說陸大夫有心臟病啊，怎麼一下子病成這樣呢？

孫主任:　　"冰凍三尺"呀，昨天她一上午就做了三個手術。

姜亚芬：　　文婷。

第七景

赵院长：　　继续监视心电变化，要特别注意血压的变化。

大夫：　　好。

赵院长：　　她亲人来了吗？

孙主任：　　傅家杰同志，他在研究所工作。

赵院长：　　唔，看样子，你也不大会保养身体呀！你要多辛苦喽，病人需要一级护理。你家还有甚么人？

傅家杰：　　两个孩子。

赵院长：　　嗯。眼科能不能抽人帮助护理啊？

孙主任：　　一两天当然可以，长期嘛…

赵院长：　　啊呀，还是先顾眼前吧，过两天有甚么问题，医院再想办法。这是个信号啊，中年大夫，我们的骨干力量，身体素质一年不如一年，工作担子重，生活负担也很重，长此下去…

孙主任：　　按规定，如果凭考试晋升，他们早该是主任级大夫了，可实际上呢，连个主治大夫都不是，可倒好，十八年一贯的住院大夫。

赵院长：　　陆文婷的工资是多少？

孙主任：　　五十六块半。

赵院长：　　哼，难怪人家说，拿手术刀不如拿剃头刀，唉，去年怎么没给她调级呀？

孙主任：　　僧多粥少啊。

赵院长：　　欸，孙老啊，请你和支部的同志商量一下，把眼科中年大夫的工作、生活情况搞个材料给我。

孙主任：　　有用吗？开科技大会的时候就让搞，还不是石沉大海。

赵院长：　　孙老，你就不要发牢骚喽。中央三令五申要珍惜人才，落实知识份子政策，总不能到了下边就变成了空话吧！我相信还是会解决的。唉，没听说陆大夫有心脏病啊，怎么一下子病成这样呢？

孙主任：　　“冰冻三尺”呀，昨天她一上午就做了三个手术。

趙院長:　　哎呀，怎麼能這樣安排？

孫主任:　　一個角膜移植，突然來了材料，不能不做，一個是白內障摘除，還是你指定她做的。

趙院長:　　我？哦，對，對。

趙院長:　　陸大夫，請進來吧，來來，我來介紹一下，這位是焦副部長，焦成思同志。這位是成思同志的愛人，秦波同志。這就是陸大夫。

陸文婷:　　哦，你好。

焦副部長:　　噢。

陸文婷:　　您好。

焦副部長:　　坐，坐。

陸文婷:　　嗯。

趙院長:　　陸大夫，焦副部長要在我們這兒做白內障摘除手術。

陸文婷:　　是一隻眼睛嗎？

焦副部長:　　一隻。

陸文婷:　　哪一隻？

焦副部長:　　左眼。

陸文婷:　　完全看不見了？

焦副部長:　　嗯。

陸文婷:　　以前在醫院檢查過嗎？

焦副部長:　　嗯。

陸文婷:　　噢，焦副部長…

秦波:　　陸大夫，你先坐，坐嘛，要檢查恐怕還要到暗室裡去吧？陸大夫，你在醫院工作幾年了？

陸文婷:　　我是六一年來的。

秦波:　　噢，那也有十八年了。

趙院長:　　嘿嘿嘿，陸大夫臨牀經驗很豐富，手術做得也漂亮。

秦波:　　你身體好像不大好。

陸文婷:　　我身體很好。

趙院長:　　噢，她在我們這兒就算得身強力壯的囉。陸大夫，我記得這幾年，你一直是出全勤吶。

赵院长：　　哎呀，怎么能这样安排？

孙主任：　　一个角膜移植，突然来了材料，不能不做，一个是白内障摘除，还是你指定她做的。

赵院长：　　我？哦，对，对。

赵院长：　　陆大夫，请进来吧，来来，我来介绍一下，这位是焦副部长，焦成思同志。这位是成思同志的爱人，秦波同志。这就是陆大夫。

陆文婷：　　哦，你好。

焦副部长：　噢。

陆文婷：　　您好。

焦副部长：　坐，坐。

陆文婷：　　嗯。

赵院长：　　陆大夫，焦副部长要在我们这儿做白内障摘除手术。

陆文婷：　　是一只眼睛吗？

焦副部长：　一只。

陆文婷：　　哪一只？

焦副部长：　左眼。

陆文婷：　　完全看不见了？

焦副部长：　嗯。

陆文婷：　　以前在医院检查过吗？

焦副部长：　嗯。

陆文婷：　　噢，焦副部长…

秦波：　　　陆大夫，你先坐，坐嘛，要检查恐怕还要到暗室里去吧？陆大夫，你在医院工作几年了？

陆文婷：　　我是六一年来的。

秦波：　　　噢，那也有十八年了。

赵院长：　　嘿嘿嘿，陆大夫临床经验很丰富，手术做得也漂亮。

秦波：　　　你身体好像不大好。

陆文婷：　　我身体很好。

赵院长：　　噢，她在我们这儿就算得身强力壮的罗。陆大夫，我记得这几年，你一直是出全勤呐。

秦波: 對於白內障手術，你有把握嗎？

焦副部長: 嘖，嗯。

陸文婷: 趙院長，你看...

趙院長: 請進。

護士: 陸大夫，你約的那個張大爺來了，非見你不可。

陸文婷: 噢。

秦波: 陸大夫有事，就先忙去吧。

趙院長: 好，你先去吧。

陸文婷: 嗯，對不起。

趙院長: 秦波同志啊，我看就讓陸大夫給焦副部長做手術吧。

秦波: 趙院長，陸大夫是副主任嗎？

趙院長: 不是。

秦波: 她是主治大夫嗎？

趙院長: 不是。

秦波: 是黨員嗎？

趙院長: 哼，也不是。

秦波: 啊呀！我的同志喲，恕我直言，讓一個普普通通的大夫給焦部長動手術，是不是有些考慮不周呀？

焦副部長: 秦波，你説些甚麼？聽醫院安排嘛，誰做不都一樣？

秦波: 我就不贊成你這樣無所謂的態度，身體是革命的本錢，我們要對黨負責嘛。趙院長，能不能請孫老親自給老焦做？

趙院長: 啊呀，孫老啊，都快七十了。他自己的眼睛也不行了。

秦波: 請郭大夫做，行吧？

趙院長: 郭大夫？

秦波: 郭汝清。

趙院長: 哦，他出國了。

秦波: 那就等他回來再做。

趙院長: 他的愛人是歸國華僑，她父親病重，要他們去繼承遺產。

秦波: 這些人啊，真不知是怎麼想法。

焦副部長: 五十年代初，你們這批知識份子衝破了重重阻力，回來秦波：　对于白内障手术，你有把握吗？

焦副部长：　啧，嗯。

陆文婷：　赵院长，你看...

赵院长：　请进。

护士：　陆大夫，你约的那个张大爷来了，非见你不可。

陆文婷：　噢。

秦波：　陆大夫有事，就先忙去吧。

赵院长：　好，你先去吧。

陆文婷：　嗯，对不起。

赵院长：　秦波同志啊，我看就让陆大夫给焦副部长做手术吧。

秦波：　赵院长，陆大夫是副主任吗？

赵院长：　不是。

秦波：　她是主治大夫吗？

赵院长：　不是。

秦波：　是党员吗？

赵院长：　哼，也不是。

秦波：　啊呀！我的同志哟，恕我直言，让一个普普通通的大夫给焦部长动手术，是不是有些考虑不周呀？

焦副部长：　秦波，你说些甚么？听医院安排嘛，谁做不都一样？

秦波：　我就不赞成你这样无所谓的态度，身体是革命的本钱，我们要对党负责嘛。赵院长，能不能请孙老亲自给老焦做？

赵院长：　啊呀，孙老啊，都快七十了。他自己的眼睛也不行了。

秦波：　请郭大夫做，行吧？

赵院长：　郭大夫？

秦波：　郭汝清。

赵院长：　哦，他出国了。

秦波：　那就等他回来再做。

赵院长：　他的爱人是归国华侨，她父亲病重，要他们去继承遗产。

秦波：　这些人啊，真不知是怎么想法。

焦副部长：　五十年代初，你们这批知识份子冲破了重重阻力，回来建設新中國，想不到七十年代末，我們自己培養的知識份子又往外跑，這個教訓太深了。

秦波：　這麼下去怎麼得了啊！啊，我看還是應該加強思想政治工作，我的同志喲！這…

焦副部長：　趙院長，我來找你們倒不是找個專家呀、教授。我對你們醫院有一種特殊的感情啊。你看，這隻眼睛，就是在你們這兒做的手術。

趙院長：　哦？誰做的呢？

焦副部長：　可惜呀，到現在還不知道她姓甚麼？

第八景

張大爺：　陸大夫。

陸文婷：　張大爺。

張大爺：　我一聽聲兒就知道是您來了。

陸文婷：　您坐。

張大爺：　欸。陸大夫，您坐。

陸文婷：　欸。

張大爺：　您坐啊。

陸文婷：　慢慢兒的，張大爺，您這病沒治好就要回去，我們心裡真過意不去呀。

張大爺：　啊呀，有您這份兒心，啥都有了，放心吧，您別看我眼神不濟，摸摸索索也能幹，隊上派活兒挺照顧我。

陸文婷：　眼睛治好了，幹活兒就不用人照顧了。

張大爺：　欸，欸。

陸文婷：　你身體那麼好，還能幹它個二十年呢。

張大爺：　敢情，要不是兩眼不爭氣，啥活兒也難不住我呀。

陸文婷：　那還是做吧。

張大爺：　陸大夫，我拿您也不當外人，實話實說了吧，俺愁的就是錢吶，老在北京住店，住不起。

建设新中国，想不到七十年代末，我们自己培养的知识份子又往外跑，这个教训太深了。

秦波：这么下去怎么得了啊！啊，我看还是应该加强思想政治工作，我的同志哟！这...

焦副部长：赵院长，我来找你们倒不是找个专家呀、教授。我对你们医院有一种特殊的感情啊。你看，这只眼睛，就是在你们这儿做的手术。

赵院长：哦？谁做的呢？

焦副部长：可惜呀，到现在还不知道她姓甚么？

第八景

张大爷：陆大夫。

陆文婷：张大爷。

张大爷：我一听声儿就知道是您来了。

陆文婷：您坐。

张大爷：欸。陆大夫，您坐。

陆文婷：欸。

张大爷：您坐啊。

陆文婷：慢慢儿的，张大爷，您这病没治好就要回去，我们心里真过意不去呀。

张大爷：啊呀，有您这份儿心，啥都有了，放心吧，您别看我眼神不济，摸摸索索也能干，队上派活儿挺照顾我。

陆文婷：眼睛治好了，干活儿就不用人照顾了。

张大爷：欸，欸。

陆文婷：你身体那么好，还能干它个二十年呢。

张大爷：敢情，要不是两眼不争气，啥活儿也难不住我呀。

陆文婷：那还是做吧。

张大爷：陆大夫，我拿您也不当外人，实话实说了吧，俺愁的就是钱呐，老在北京住店，住不起。

陸文婷: 你不要着急。我查了預約本了。

張大爺: 噢。

陸文婷: 這回該輪到你了。

張大爺: 噢？

陸文婷: 這兩天只要有材料，我馬上給你做，行嗎？

張大爺: 欸，好，陸大夫，我聽您的，您忙着吧。欸，您忙着吧。

陸文婷: 當心點兒。

張大爺: 欸。

第九景

王小曼: 陸阿姨！

陸文婷: 王小曼，你怎麼跑出來了？不想做手術了？害怕了？傻丫頭，到時候阿姨給你打麻藥，保證一點兒也不痛。你看，這隻眼睛等阿姨給你矯正過來，你兩隻眼睛就一樣了，多好呀，快回去吧！醫院裡可不准亂跑。

王小曼: 嗯。

護士: 十三號。

秦波: 陸大夫在哪兒？

護士: 陸大夫可能在暗室。

秦波: 噢。

護士: 十三號。

秦波: 陸大夫，我找你有事。我是秦波，焦部長...

陸文婷: 噢。

秦波: 我來是爲了落實一下焦部長的手術。

陸文婷: 請您等一等。我這裡還有個病人。

陸文婷: 辦一下住院手續。

病人: 好，好。

秦波: 陸大夫，趙院長已經通知你了吧？焦副部長的手術決定由你來做。我想跟你研究一下，對焦副部長的手術，採取些甚麼措施？我是陆文婷：　　你不要着急。我查了预约本了。

张大爷：　　噢。

陆文婷：　　这回该轮到你了。

张大爷：　　噢？

陆文婷：　　这两天只要有材料，我马上给你做，行吗？

张大爷：　　欸，好，陆大夫，我听您的，您忙着吧。欸，您忙着吧。

陆文婷：　　当心点儿。

张大爷：　　欸。

第九景

王小曼：　　陆阿姨！

陆文婷：　　王小曼，你怎么跑出来了？不想做手术了？害怕了？傻丫头，到时候阿姨给你打麻药，保证一点儿也不痛。你看，这只眼睛等阿姨给你矫正过来，你两只眼睛就一样了，多好呀，快回去吧！医院里可不准乱跑。

王小曼：　　嗯。

护士：　　十三号。

秦波：　　陆大夫在哪儿？

护士：　　陆大夫可能在暗室。

秦波：　　噢。

护士：　　十三号。

秦波：　　陆大夫，我找你有事。我是秦波，焦部长…

陆文婷：　　噢。

秦波：　　我来是为了落实一下焦部长的手术。

陆文婷：　　请您等一等。我这里还有个病人。

陆文婷：　　办一下住院手续。

病人：　　好，好。

秦波：　　陆大夫，赵院长已经通知你了吧？焦副部长的手术决定由你来做。我想跟你研究一下，对焦副部长的手术，采取些甚么措施？我是說要不要制定一個手術方案？

護士: 陸大夫，你的電話。

陸文婷: 噢，請稍等一下。

電話裡: 佳佳病了。

陸文婷: 是嗎？

電話裡: 我們知道你忙，沒有告訴您，昨兒晚上我們帶她看了急診，打了針，可到現在還不退燒。老叨叨要找媽媽，喂，喂。

佳佳: 媽媽。

電話裡: 您能不能來看看她？

陸文婷: 好的，我馬上就來。

陸文婷: 喂，請找一下傅家杰。

電話裡: 他開會去了。

陸文婷: 甚麼？

電話裡: 他開會去了。

陸文婷: 噢。

佳佳: 媽媽，媽媽。

秦波: 陸大夫，你看要不要成立一個醫療小組？我看報上常登這方面的消息。

陸文婷: 這沒有必要，白內障是很一般的手術。

秦波: 我的同志喲，不要輕敵嘛，輕敵思想往往造成失敗，這在我們黨的歷史上是有過教訓的。我的同志喲，凡事"預則立"嘛，思想準備充分一些總是好嘛，啊，要讓病人在精神上、物質上都做好準備，是不是？陸大夫。

護士: 快下班了。

姜亞芬: 文婷啊，我替你看幾個病人吧？

陸文婷: 不用了。

秦波: 陸大夫，聽說動這種手術最怕病人咳嗽。

陸文婷: 是的.

姜亞芬: 勞駕。

陸文婷: 因爲傷口切開，病人一咳嗽，眼內的濾物有可能脫落出來。

说要不要制定一个手术方案？

护士：　　陆大夫，你的电话。

陆文婷：　噢，请稍等一下。

电话里：　佳佳病了。

陆文婷：　是吗？

电话里：　我们知道你忙，没有告诉您，昨儿晚上我们带她看了急诊，打了针，可到现在还不退烧。老叨叨要找妈妈，喂，喂。

佳佳：　　妈妈。

电话里：　您能不能来看看她？

陆文婷：　好的，我马上就来。

陆文婷：　喂，请找一下傅家杰。

电话里：　他开会去了。

陆文婷：　甚么？

电话里：　他开会去了。

陆文婷：　噢。

佳佳：　　妈妈，妈妈。

秦波：　　陆大夫，你看要不要成立一个医疗小组？我看报上常登这方面的消息。

陆文婷：　这没有必要，白内障是很一般的手术。

秦波：　　我的同志哟，不要轻敌嘛，轻敌思想往往造成失败，这在我们党的历史上是有过教训的。我的同志哟，凡事“预则立”嘛，思想准备充分一些总是好嘛，啊，要让病人在精神上、物质上都做好准备，是不是？陆大夫。

护士：　　快下班了。

姜亚芬：　文婷啊，我替你看几个病人吧？

陆文婷：　不用了。

秦波：　　陆大夫，听说动这种手术最怕病人咳嗽。

陆文婷：　是的.

姜亚芬：　劳驾。

陆文婷：　因为伤口切开，病人一咳嗽，眼内的滤物有可能脱落出来。

秦波:　　我擔心的就是這個呀，焦部長的心臟不大好，血壓也高。
陸文婷:　　手術前我們都要檢查的。
秦波:　　他還有氣管炎。
陸文婷:　　他最近咳嗽的厲害嗎？
秦波:　　這幾天倒沒有。萬一上了手術檯咳嗽，那可怎麼辦？
陸文婷:　　那也有辦法。秦波同志，我這裡還有好幾個病人，他們都等了很長時間了，焦部長的手術，等他住進來，我們再研究好不好？
秦波:　　也好，也好，那就請你多費心了。
陸文婷:　　十五號。

第十景

小孩兒:　　找呀，找呀，找朋友，找到一個好朋友，敬個禮呀握握手，握握手呀問聲好，大家一起跳舞，大家一起跳舞。
小孩兒:　　阿姨好！阿姨好！
保姆:　　陸大夫，您怎麼才來啊？
陸文婷:　　對不起。
佳佳:　　媽媽...
陸文婷:　　佳佳，佳佳，媽媽來了。
佳佳:　　媽媽。
陸文婷:　　佳佳，佳佳。
佳佳:　　媽媽，我要回家。
托兒所:　　急性肺炎，陸大夫，一定得好好護理幾天，
陸文婷:　　噢，乖孩子，噢，噢，媽媽抱你回家。不哭，媽媽抱你回家。我們回家。
托兒所:　　一號，二號，三號，四號，五號...
佳佳:　　媽媽，我不上托兒所嘛，媽媽，我不上托兒所嘛，媽媽...
陸文婷:　　佳佳聽話。
佳佳:　　媽媽，我不上托兒所嘛。
陸文婷:　　聽話，聽話，噢。
佳佳:　　嗯，我不上托兒所嘛.

秦波：　　我担心的就是这个呀，焦部长的心脏不大好，血压也高。

陆文婷：　　手术前我们都要检查的。

秦波：　　他还有气管炎。

陆文婷：　　他最近咳嗽的厉害吗？

秦波：　　这几天倒没有。万一上了手术台咳嗽，那可怎么办？

陆文婷：　　那也有办法。秦波同志，我这里还有好几个病人，他们都等了很长时间了，焦部长的手术，等他住进来，我们再研究好不好？

秦波：　　也好，也好，那就请你多费心了。

陆文婷：　　十五号。

第十景

小孩儿：　　找呀，找呀，找朋友，找到一个好朋友，敬个礼呀握握手，
握握手呀问声好，大家一起跳舞，大家一起跳舞。

小孩儿：　　阿姨好！阿姨好！

保姆：　　陆大夫，您怎么才来啊？

陆文婷：　　对不起。

佳佳：　　妈妈...

陆文婷：　　佳佳，佳佳，妈妈来了。

佳佳：　　妈妈。

陆文婷：　　佳佳，佳佳。

佳佳：　　妈妈，我要回家。

托儿所：　　急性肺炎，陆大夫，一定得好好护理几天，

陆文婷：　　噢，乖孩子，噢，噢，妈妈抱你回家。不哭，妈妈抱你回家。
我们回家。

托儿所：　　一号，二号，三号，四号，五号...

佳佳：　　妈妈，我不上托儿所嘛，妈妈，我不上托儿所嘛，妈妈...

陆文婷：　　佳佳听话。

佳佳：　　妈妈，我不上托儿所嘛。

陆文婷：　　听话，听话，噢。

佳佳：　　嗯，我不上托儿所嘛.

陸文婷:　　好，媽媽送你回家。

第十一景

圓圓:　　媽，你怎麼才回來？
陸文婷:　　你沒看見妹妹病了嗎？圓圓，你在幹甚麼呢？
圓圓:　　學校要開運動會，老師叫穿白球鞋。媽，快做飯吧，要遲到了。
陸文婷:　　催，催，你就會催。
陸文婷:　　圓圓，你去買個燒餅吃吧。
圓圓:　　嗯。
陸文婷:　　喏.
圓圓:　　媽，你呢？
陸文婷:　　我不餓。

第十二景

陸文婷:　　催，催，你就會催。催，催，就會催。
陸文婷:　　多好啊，生活，雖然沒有沙發，立櫃，沒有新的桌椅，
甚至沒有新的鋪蓋，可是我們却有着豐厚的書籍和屬於
我們自己支配的珍貴的時間。啊，那是些多麼寧靜的日子，
多麼充實的夜晚，多麼難得的生活呀！可它剛剛開始，
却又匆匆地離去了。

第十三景

陸文婷:　　亞芬。
姜亞芬:　　嗯。
陸文婷:　　今天的事你別告訴傅家杰，他自己的事就够煩了，
他的實驗室被封閉，研究專題也被取消了。
姜亞芬:　　我受不了。我們犯了甚麼罪，這麼挨整？以後再開
這種會我絕不參加。

陆文婷:　　好，妈妈送你回家。

第十一景

圆圆:　　妈，你怎么才回来？
陆文婷:　　你没看见妹妹病了吗？圆圆，你在干甚么呢？
圆圆:　　学校要开运动会，老师叫穿白球鞋。妈，快做饭吧，要迟到了。
陆文婷:　　催，催，你就会催。
陆文婷:　　圆圆，你去买个烧饼吃吧。
圆圆:　　嗯。
陆文婷:　　喏.
圆圆:　　妈，你呢？
陆文婷:　　我不饿。

第十二景

陆文婷:　　催，催，你就会催。催，催，就会催。
陆文婷:　　多好啊，生活，虽然没有沙发，立柜，没有新的桌椅，甚至没有新的铺盖，可是我们却有着丰厚的书籍和属于我们自己支配的珍贵的时间。啊，那是些多么宁静的日子，多么充实的夜晚，多么难得的生活呀！可它刚刚开始，却又匆匆地离去了。

第十三景

陆文婷:　　亚芬。
姜亚芬:　　嗯。
陆文婷:　　今天的事你别告诉傅家杰，他自己的事就够烦了，他的实验室被封闭，研究专题也被取消了。
姜亚芬:　　我受不了。我们犯了甚么罪，这么挨整？以后再开这种会我绝不参加。

陸文婷:　不，再開一百次我也參加，只要手術刀還在我們手裡，我們就能爲病人解除痛苦。

第十四景

陸文婷:　啊，生活，你是多麼艱難！或許一生的錯誤就在於結婚。如果當時考慮一下，我們的肩膀能不能承擔起組成一個家庭的重擔，也許就不會背起這沉重的十字架，在生活的道路上走得這麼艱難。

陳奶奶:　陸大夫。在家呢。

陳奶奶:　怎麼沒上班呢？喲，佳佳病了。

陸文婷:　嗯。

陳奶奶:　那我替你看着吧。

陸文婷:　怎麼好老麻煩您呢？

陳奶奶:　嗳，這"遠親不如近鄰"吶，再說我又是個大閒人.

陸文婷:　大媽。

陳奶奶:　去吧! 去吧！上班去吧! 去吧！佳佳交給我了。

陳奶奶:　佳佳，佳佳快長大. 唔，趕明兒當上個科學家。

佳佳:　佳佳，佳佳，快長大。

陳奶奶:　嗯，趕明兒當甚麼來着？

佳佳:　科學家。

陳奶奶:　啊，對，佳佳，佳佳快長大。說。

佳佳:　佳佳，佳佳快長大，趕明兒當上個科學家。

陳奶奶:　啊喲，真好。

陸文婷:　陳大媽。

陳奶奶:　喲，回來了。

陸文婷:　太謝謝您了。

陳奶奶:　瞧你說的。

佳佳:　媽媽。

陳奶奶:　媽媽回來了，奶奶該走了，跟奶奶再見。

陆文婷：　　不，再开一百次我也参加，只要手术刀还在我们手里，我们就能为病人解除痛苦。

第十四景

陆文婷：　　啊，生活，你是多么艰难！或许一生的错误就在于结婚。如果当时考虑一下，我们的肩膀能不能承担起组成一个家庭的重担，也许就不会背起这沉重的十字架，在生活的道路上走得这么艰难。

陈奶奶：　　陆大夫。在家呢。

陈奶奶：　　怎么没上班呢？哟，佳佳病了。

陆文婷：　　嗯。

陈奶奶：　　那我替你看着吧。

陆文婷：　　怎么好老麻烦您呢？

陈奶奶：　　嗳，这“远亲不如近邻”呐，再说我又是个大闲人.

陆文婷：　　大妈。

陈奶奶：　　去吧！去吧！上班去吧！去吧！佳佳交给我了。

陈奶奶：　　佳佳，佳佳快长大.唔，赶明儿当上个科学家。

佳佳：　　佳佳，佳佳，快长大。

陈奶奶：　　嗯，赶明儿当甚么来着？

佳佳：　　科学家。

陈奶奶：　　啊，对，佳佳，佳佳快长大。说。

佳佳：　　佳佳，佳佳快长大，赶明儿当上个科学家。

陈奶奶：　　啊哟，真好。

陆文婷：　　陈大妈。

陈奶奶：　　哟，回来了。

陆文婷：　　太谢谢您了。

陈奶奶：　　瞧你说的。

佳佳：　　妈妈。

陈奶奶：　　妈妈回来了，奶奶该走了，跟奶奶再见。

佳佳:	奶奶再見。
陳奶奶:	噯，好。
陸文婷:	您慢走啊。
陳奶奶:	噯。
陸文婷:	佳佳更美了。
佳佳:	陳奶奶給我紮的。
陸文婷:	奶奶好，奶奶給佳佳紮小辮兒。媽媽不好。媽媽沒有給佳佳…
佳佳:	媽媽好，媽媽好。
陸文婷:	媽媽不好。媽媽老忘。媽媽不好。
佳佳:	媽媽好。爸爸。
傅家杰:	你怎麼回來了？
佳佳:	我生病了。
傅家杰:	好，乖乖躺下噢。噯，佳佳躺裡邊，媽媽躺外邊。

佳佳:	爸爸，你呢？
傅家杰:	爸爸去做飯。
陸文婷:	我去洗菜。
傅家杰:	啊呀，我的大夫，你的任務是照顧好小病人。
陸文婷:	圓圓，快啊。
圓圓:	嗯。
姜亞芬:	老傅。
傅家杰:	欸，亞芬，老劉呢？
姜亞芬:	他在外面。
陸文婷:	喲，佳佳，誰來了？
圓圓:	姜阿姨。
姜亞芬:	欸。
傅家杰:	老劉，快進來。
姜亞芬:	欸，佳佳病了？
陸文婷:	老劉啊。
傅家杰:	怎麼這會兒有空兒串門呢？

佳佳:　　奶奶再见。
陈奶奶:　　嗳，好。
陆文婷:　　您慢走啊。
陈奶奶:　　嗳。
陆文婷:　　佳佳更美了。
佳佳:　　陈奶奶给我扎的。
陆文婷:　　奶奶好，奶奶给佳佳扎小辫儿。妈妈不好。妈妈没有给佳佳…
佳佳:　　妈妈好，妈妈好。
陆文婷:　　妈妈不好。妈妈老忘。妈妈不好。
佳佳:　　妈妈好。爸爸。
傅家杰:　　你怎么回来了？
佳佳:　　我生病了。
傅家杰:　　好，乖乖躺下噢。嗳，佳佳躺里边，妈妈躺外边。

佳佳:　　爸爸，你呢？
傅家杰:　　爸爸去做饭。
陆文婷:　　我去洗菜。
傅家杰:　　啊呀，我的大夫，你的任务是照顾好小病人。
陆文婷:　　圆圆，快啊。
圆圆:　　嗯。
姜亚芬:　　老傅。
傅家杰:　　欸，亚芬，老刘呢？
姜亚芬:　　他在外面。
陆文婷:　　哟，佳佳，谁来了？
圆圆:　　姜阿姨。
姜亚芬:　　欸。
傅家杰:　　老刘，快进来。
姜亚芬:　　欸，佳佳病了？
陆文婷:　　老刘啊。
傅家杰:　　怎么这会儿有空儿串门呢？

姜亞芬: 我們是來向你們告別的。我們申請去加拿大，護照批下來了。

劉大夫: 你們還沒有吃飯吧？

傅家杰: 對。

劉大夫: 那正好，我借貴方一塊寶地，舉行告別宴會。

陸文婷: 亞芬。

姜亞芬: 嗯。

陸文婷: 你怎麼沒早告訴我呢？

姜亞芬: 怕你勸阻我，更怕我自己動搖。

圓圓: 媽，我到陳奶奶家去看電視啊。

陸文婷: 去吧。

姜亞芬: 圓圓，喏！

圓圓: 謝謝姜阿姨。

姜亞芬: 你看看。

陸文婷: 來，圓圓，你拿着。

姜亞芬: 來，給我，圓圓。

傅家杰: 你們打算去多久？

劉大夫: 那很難說，也許一去就不回囉。

圓圓: 謝姜阿姨。

陸文婷: 家杰。

圓圓: 陳奶奶叫拿來的。

傅家杰: 噢，謝謝陳奶奶啊。

劉大夫: 老傅來。

傅家杰: 噢。

劉大夫: 來，喝。

陸文婷: 不能不走嗎？

劉大夫: 文婷啊，人生有時候是很難預料的。哼哼，連我自己也沒想到，我已經過了大半輩子了，還能活幾年？爲甚麼要把骨灰扔進異國他鄉的土壤呢？你們罵我吧。我是中華民族不肖的子孫。

傅家杰: 老劉啊，別這麼說。這些年你的遭遇我們都清楚，好在現在

姜亚芬:	我们是来向你们告别的。我们申请去加拿大，护照批下来了。
刘大夫:	你们还没有吃饭吧？
傅家杰:	对。
刘大夫:	那正好，我借贵方一块宝地，举行告别宴会。
陆文婷:	亚芬。
姜亚芬:	嗯。
陆文婷:	你怎么没早告诉我呢？
姜亚芬:	怕你劝阻我，更怕我自己动摇。
圆圆:	妈，我到陈奶奶家去看电视啊。
陆文婷:	去吧。
姜亚芬:	圆圆，喏！
圆圆:	谢谢姜阿姨。
姜亚芬:	你看看。
陆文婷:	来，圆圆，你拿着。
姜亚芬:	来，给我，圆圆。
傅家杰:	你们打算去多久？
刘大夫:	那很难说，也许一去就不回罗。
圆圆:	谢姜阿姨。
陆文婷:	家杰。
圆圆:	陈奶奶叫拿来的。
傅家杰:	噢，谢谢陈奶奶啊。
刘大夫:	老傅来。
傅家杰:	噢。
刘大夫:	来，喝。
陆文婷:	不能不走吗？
刘大夫:	文婷啊，人生有时候是很难预料的。哼哼，连我自己也没想到，我已经过了大半辈子了，还能活几年？为甚么要把骨灰扔进异国他乡的土壤呢？你们骂我吧。我是中华民族不肖的子孙。
傅家杰:	老刘啊，别这么说。这些年你的遭遇我们都清楚，好在现在

黑暗已過去了，光明已經到來。來，一切都會好起來的。

劉大夫: 這我相信吶，可是中央的政策來到基層，還要經過千山萬水。光明甚麼時候才能照到我家門前？哼，甚麼時候才能照到我女兒身上呢？啊，我等不及啊。

陸文婷: 來，我從來不喝酒，今晚我敬你一杯。

劉大夫: 嘿，不，不，應該先敬你一杯。來！你是我們醫院的支柱，是中華醫學的新秀啊。

陸文婷: 你喝醉了。

劉大夫: 不，我沒醉。

姜亞芬: 來，文婷，我誠心誠意地爲你乾一杯。爲了我們二十多年的友誼，也爲未來的眼科專家。

陸文婷: 啊呀，我算甚麼呀！

劉大夫: 算甚麼！像你這樣身居陋室，任勞任怨，真可以說是"孺子牛"吃的是草，擠的是奶啊！這是魯迅先生的話。對不對呀？家杰。

傅家杰: 這樣的人太多了。

劉大夫: 正因爲這樣，我們的民族才是個偉大的民族呀。

陸文婷: 其實，我最自私了。你問他，把丈夫打入廚房，兩個孩子跟我遭殃。說實話，我是一個不稱職的妻子，也是一個不稱職的媽媽。

劉大夫: 嗳，可你是個稱職的醫生啊。嘿嘿嘿。

陸文婷: 嘿，家杰，泡菜，亞芬最愛吃了。

傅家杰: 你看，我忘了。

劉大夫: 家杰，家杰，我要是趙院長啊，首先給你發勳章，還要給圓圓，佳佳發勳章，是你們做出了犧牲，我們醫院裡才有了這麼好的大夫噢。

傅家杰: 我呀，既不求勳章，也不求表揚。我只是希望你們醫院能够了解做一個大夫的愛人是多麼不容易，且不說巡迴醫療、抗災救災，就講平時吧，一天從手術檯下來，回到家裡精疲力盡，做飯連手都抬不起來呀，我不進廚房，誰進呢？

劉大夫: 嘿嘿，老傅呀，你現在不但能研究上天的尖端技術，還能深入廚房，拳打脚踢，嘿嘿，簡直是一代共産主義新人在成長啊。

黑暗已过去了，光明已经到来。来，一切都会好起来的。

刘大夫：　这我相信呐，可是中央的政策来到基层，还要经过千山万水。光明甚么时候才能照到我家门前？哼，甚么时候才能照到我女儿身上呢？啊，我等不及啊。

陆文婷：　来，我从来不喝酒，今晚我敬你一杯。

刘大夫：　嘿，不，不，应该先敬你一杯。来！你是我们医院的支柱，是中华医学的新秀啊。

陆文婷：　你喝醉了。

刘大夫：　不，我没醉。

姜亚芬：　来，文婷，我诚心诚意地为你干一杯。为了我们二十多年的友谊，也为未来的眼科专家。

陆文婷：　啊呀，我算甚么呀！

刘大夫：　算甚么！像你这样身居陋室，任劳任怨，真可以说是“孺子牛”吃的是草，挤的是奶啊！这是鲁迅先生的话。对不对呀？家杰。

傅家杰：　这样的人太多了。

刘大夫：　正因为这样，我们的民族才是个伟大的民族呀。

陆文婷：　其实，我最自私了。你问他，把丈夫打入厨房，两个孩子跟我遭殃。说实话，我是一个不称职的妻子，也是一个不称职的妈妈。

刘大夫：　嗳，可你是个称职的医生啊。嘿嘿嘿。

陆文婷：　嘿，家杰，泡菜，亚芬最爱吃了。

傅家杰：　你看，我忘了。

刘大夫：　家杰，家杰，我要是赵院长啊，首先给你发勋章，还要给圆圆，佳佳发勋章，是你们做出了牺牲，我们医院里才有了这么好的大夫噢。

傅家杰：　我呀，既不求勋章，也不求表扬。我只是希望你们医院能够了解做一个大夫的爱人是多么不容易，且不说巡回医疗、抗灾救灾，就讲平时吧，一天从手术台下来，回到家里精疲力尽，做饭连手都抬不起来呀，我不进厨房，谁进呢？

刘大夫：　嘿嘿，老傅呀，你现在不但能研究上天的尖端技术，还能深入厨房，拳打脚踢，嘿嘿，简直是一代共产主义新人在成长啊。

傅家杰：　這可要感謝文化大革命了。

劉大夫：　噯，這泡菜味道不錯嘛，老傅呀，你可以當個泡菜店老板了。

傅家杰：　當老板？我當保姆還差不多。我聽説現在當保姆收入頗高啊，真想打聽一下，有誰要僱男保姆。

劉大夫：　那好辦。我給你出個主意，在市場報上登一張待聘廣告，怎麼樣？

傅家杰：　好啊，好啊。嗯，本人大學畢業，會兩門外語，擅長烹調蒸煮，兼做男女粗細各種雜活兒。

劉大夫：　身體很重要。

傅家杰：　身體嘛，體格健壯，勤勞勇敢，任勞任怨。

劉大夫：　哈哈，要多少工資？

傅家杰：　哈哈哈，工資嘛，面議吧，要求不高。

劉大夫：　哈哈哈。

陸文婷：　此時此刻，好像也只這種苦澀的笑談才能沖淡離愁啊。

劉大夫：　中年，中年，現在從上到下誰不説中年是我們國家的骨幹，是各條戰線的支柱？醫院的手術靠中年大夫做，重點科研項目壓在中年技術人員的身上，工廠的重活兒、難活兒中年工人頂着，學校的重點課程也要中年教師擔當…

姜亞芬：　你少發點兒議論吧。一個大夫管那麼多幹甚麼？

劉大夫：　同志，別忘了陸放翁的名句，“位卑未敢忘憂國”呀，我雖是個無名的醫生，可却不敢忘却國家大事。

傅家杰：　你應該去研究社會學呀。

劉大夫：　那我就是個大右派了。

傅家杰：　爲甚麼？

劉大夫：　研究社會學必然要研究社會的弊病啊。

傅家杰：　不，不，找到了社會的弊病，加以改進，社會才能前進呢，這是左派，不是右派。

劉大夫：　嗯，算了，算了，左派，右派我都不想當，不過我對社會問題頗感興趣。比如，中年問題。舊社會有句話“人到中年萬事休”現在可以改一個字，人到中年萬事“忙”。

傅家杰：　嗯，高論，高論。

傅家杰:　　这可要感谢文化大革命了。

刘大夫:　　嗳，这泡菜味道不错嘛，老<u>傅</u>呀，你可以当个泡菜店老板了。

傅家杰:　　当老板？我当保姆还差不多。我听说现在当保姆收入颇高啊，真想打听一下，有谁要雇男保姆。

刘大夫:　　那好办。我给你出个主意，在市场报上登一张待聘广告，怎么样？

傅家杰:　　好啊，好啊。嗯，本人大学毕业，会两门外语，擅长烹调蒸煮，兼做男女粗细各种杂活儿。

刘大夫:　　身体很重要。

傅家杰:　　身体嘛，体格健壮，勤劳勇敢，任劳任怨。

刘大夫:　　哈哈，要多少工资？

傅家杰:　　哈哈哈，工资嘛，面议吧，要求不高。

刘大夫:　　哈哈哈。

陆文婷:　　此时此刻，好像也只这种苦涩的笑谈才能冲淡离愁啊。

刘大夫:　　中年，中年，现在从上到下谁不说中年是我们国家的骨干，是各条战线的支柱？医院的手术靠中年大夫做，重点科研项目压在中年技术人员的身上，工厂的重活儿、难活儿中年工人顶着，学校的重点课程也要中年教师担当...

姜亚芬:　　你少发点儿议论吧。一个大夫管那么多干甚么？

刘大夫:　　同志，别忘了<u>陆放翁</u>的名句，“位卑未敢忘忧国”呀，我虽是个无名的医生，可却不敢忘却国家大事。

傅家杰:　　你应该去研究社会学呀。

刘大夫:　　那我就是个大右派了。

傅家杰:　　为甚么？

刘大夫:　　研究社会学必然要研究社会的弊病啊。

傅家杰:　　不，不，找到了社会的弊病，加以改进，社会才能前进呢，这是左派，不是右派。

刘大夫:　　嗯，算了，算了，左派，右派我都不想当，不过我对社会问题颇感兴趣。比如，中年问题。旧社会有句话“人到中年万事休”现在可以改一个字，人到中年万事“忙”。

傅家杰:　　嗯，高论，高论。

劉大夫:　　你別忙叫好，我還有謬論呢。

傅家杰:　　噢。

劉大夫:　　我們這代中年人又是不幸的。

姜亞芬:　　啊呀，話都叫你說了。

傅家杰:　　亞芬，我倒是想聽聽他這個不幸。

劉大夫:　　"不幸"就在於他們能出成果的黃金歲月被十年動亂耽誤囉。嘿，現在要他們肩負起四化的重任，不能不感到力不從心，無論是智力、精力、體力都跟不上。這種超負荷的運轉又是這一代中年的悲劇呀。

姜亞芬:　　你們這些人吶，真是的，不用你們吧，你們又發牢騷，又是"懷才不遇"了，"生不逢時"了。重用你們吧，你看，反倒要叫苦連天，又是擔子太重了，待遇太低了，還是牢騷，有甚麼用呀。

陸文婷:　　還是我們的亞芬吶。

劉大夫:　　哈哈哈...好，好，聽夫人的。不說了，來，爲中年乾杯。

第十五景

陸文婷:　　家杰，你在想甚麼？

傅家杰:　　還記得裴多芬那首詩嗎？

陸文婷:　　記得。

傅家杰:　　我願意是廢墟...，你看，我現在真像是一片殘垣斷壁吧？

陸文婷:　　都是我不好，讓家務把你拖垮了。全怪我。

傅家杰:　　不，不怪你。

陸文婷;　　我太自私了。只顧自己的業務，心思不在家裡，真的，我沒有盡到...

傅家杰:　　別說廢話了。你是一個堅強的女人。你做出了很大的犧牲，只有我知道。

陸文婷:　　你老了。我，我真不願意你老。

傅家杰:　　不要緊，不要緊。我願意是廢墟，只要我愛人是青春的常春藤，刘大夫：　　你别忙叫好，我还有谬论呢。

傅家杰：　　噢。

刘大夫：　　我们这代中年人又是不幸的。

姜亚芬：　　啊呀，话都叫你说了。

傅家杰：　　亚芬，我倒是想听听他这个不幸。

刘大夫：　　“不幸”就在于他们能出成果的黄金岁月被十年动乱耽误罗。嘿，现在要他们肩负起四化的重任，不能不感到力不从心，无论是智力、精力、体力都跟不上。这种超负荷的运转又是这一代中年的悲剧呀。

姜亚芬：　　你们这些人呐，真是的，不用你们吧，你们又发牢骚，又是“怀才不遇”了，“生不逢时”了。重用你们吧，你看，反倒要叫苦连天，又是担子太重了，待遇太低了，还是牢骚，有甚么用呀。

陆文婷：　　还是我们的亚芬呐。

刘大夫：　　哈哈哈…好，好，听夫人的。不说了，来，为中年干杯。

第十五景

陆文婷：　　家杰，你在想甚么？

傅家杰：　　还记得裴多芬那首诗吗？

陆文婷：　　记得。

傅家杰：　　我愿意是废墟…，你看，我现在真像是一片残垣断壁吧？

陆文婷：　　都是我不好，让家务把你拖垮了。全怪我。

傅家杰：　　不，不怪你。

陆文婷；　　我太自私了。只顾自己的业务，心思不在家里，真的，我没有尽到…

傅家杰：　　别说废话了。你是一个坚强的女人。你做出了很大的牺牲，只有我知道。

陆文婷：　　你老了。我，我真不愿意你老。

傅家杰：　　不要紧，不要紧。我愿意是废墟，只要我爱人是青春的常春藤，沿着我荒涼的額親密的攀援上升...

陸文婷： 啊，我睡着了嗎？

傅家杰： 嗯，你太疲勞了。

陸文婷： 不，我一點兒也不疲勞。

傅家杰： 金屬都會疲勞的，先產生疲勞纖微裂紋，然後逐步擴展，到一定的時候就發生斷裂。

陸文婷： 斷裂？斷裂，斷裂。

第十六景

秦波： 是陸大夫嗎？快進來，請坐。老焦做心電圖去了。他一會兒就回來。坐，來，吃個橘子。

陸文婷： 不客氣。

秦波： 老戰友從南方帶來的，很不錯，嚐一個。

陸文婷： 噢。

秦波： 陸大夫，據説外國有一種人工晶體，做完白內障手術，裝上這種人工晶體，就可以不配凸透鏡了，是嗎？

陸文婷： 對，我們也正在試驗。

秦波： 噢，那，能不能也給焦副部長也裝？

陸文婷： 秦波同志，我才説了，我們正在試驗階段，給焦副部長裝合適嗎？

秦波： 那就算了。哎呀，你怎麼去了這麼久？

焦副部長： 透視，做心電圖，哎，其實，眼睛做個手術，用不着這麼興師動眾的。嘿嘿。到了這兒，就得聽醫生的，抽血...

護士： 你看這兒。

陸文婷： 噢，胸部正常，血壓偏高。

秦波： 高多少？

陸文婷： 不妨礙手術。

秦波： 噢。

陸文婷： 焦副部長，這幾天你咳嗽嗎？

沿着我荒凉的额亲密的攀援上升…

陆文婷：	啊，我睡着了吗？
傅家杰：	嗯，你太疲劳了。
陆文婷：	不，我一点儿也不疲劳。
傅家杰：	金属都会疲劳的，先产生疲劳纤微裂纹，然后逐步扩展，到一定的时候就发生断裂。
陆文婷：	断裂？断裂，断裂。

第十六景

秦波：	是陆大夫吗？快进来，请坐。老焦做心电图去了。他一会儿就回来。坐，来，吃个橘子。
陆文婷：	不客气。
秦波：	老战友从南方带来的，很不错，尝一个。
陆文婷：	噢。
秦波：	陆大夫，据说外国有一种人工晶体，做完白内障手术，装上这种人工晶体，就可以不配凸透镜了，是吗？
陆文婷：	对，我们也正在试验。
秦波：	噢，那，能不能也给焦副部长也装？
陆文婷：	秦波同志，我才说了，我们正在试验阶段，给焦副部长装合适吗？
秦波：	那就算了。哎呀，你怎么去了这么久？
焦副部长：	透视，做心电图，哎，其实，眼睛做个手术，用不着这么兴师动众的。嘿嘿。到了这儿，就得听医生的，抽血…
护士：	你看这儿。
陆文婷：	噢，胸部正常，血压偏高。
秦波：	高多少？
陆文婷：	不妨碍手术。
秦波：	噢。
陆文婷：	焦副部长，这几天你咳嗽吗？

焦副部長:　　不咳嗽。

秦波:　　你能保證上了手術檯一聲不咳嗽。

焦副部長:　　這…嘿，那…

秦波:　　老焦，可不要掉以輕心吶，上了手術檯，你要是一咳嗽，眼珠就可能掉出來。

焦副部長:　　噢，這、這、這我怎能保證呢？

陸文婷:　　沒那麼嚴重。焦副部長，不過手術前，你最好不要抽煙。

焦副部長:　　噯，這沒問題。

秦波:　　萬一呢？萬一咳嗽起來怎麼辦？嗯？

陸文婷:　　那也有辦法。我們可以立即把切口縫上。

焦副部長:　　對，對，對，我這右眼吶，上次也是打開，縫上，又打開的。不過那倒不是因爲我要咳嗽。那時候我被打成了叛徒，可這右眼再不動手術就要失明了…

第十七景

紅衛兵:　　開門！開門！

焦副部長:　　不要做了。大夫，不要做了。

陸文婷:　　你不要東。摁住。

紅衛兵:　　就是這兒，就是這兒。開門！開門！開門！

陸文婷:　　請你們出去。

紅衛兵:　　哼，走！給他刷大字報。走，走，刷大字報…

陸文婷:　　做。

焦副部長:　　還是不要做了吧。你把我治好了，他們也會把我整瞎的，還可能禍及于你呀。

陸文婷:　　我是醫生。

第十八景

秦波:　　我就佩服這樣的醫生，真是治病救人吶，可惜沒有那時候的病歷，焦副部长：　不咳嗽。

秦波：　你能保证上了手术台一声不咳嗽。

焦副部长：　这…嘿，那…

秦波：　老焦，可不要掉以轻心呐，上了手术台，你要是一咳嗽，眼珠就可能掉出来。

焦副部长：　噢，这、这、这我怎能保证呢？

陆文婷：　没那么严重。焦副部长，不过手术前，你最好不要抽烟。

焦副部长：　嗳，这没问题。

秦波：　万一呢？万一咳嗽起来怎么办？嗯？

陆文婷：　那也有办法。我们可以立即把切口缝上。

焦副部长：　对，对，对，我这右眼呐，上次也是打开，缝上，又打开的。不过那倒不是因为我要咳嗽。那时候我被打成了叛徒，可这右眼再不动手术就要失明了…

第十七景

红卫兵：　开门！开门！

焦副部长：　不要做了。大夫，不要做了。

陆文婷：　你不要东。摁住。

红卫兵：　就是这儿，就是这儿。开门！开门！开门！

陆文婷：　请你们出去。

红卫兵：　哼，走！给他刷大字报。走，走，刷大字报…

陆文婷：　做。

焦副部长：　还是不要做了吧。你把我治好了，他们也会把我整瞎的，还可能祸及于你呀。

陆文婷：　我是医生。

第十八景

秦波：　我就佩服这样的医生，真是治病救人呐，可惜没有那时候的病历，不知道她叫甚麼名字，如果請她做手術，那就放心了。陸大夫，你也不要見怪，趙院長是很信任你的，當然我們也是很信任你的。希望你不要辜負領導上對你的期望噢，要向那位大夫學習嘛。啊，聽説你還没有入黨，要努力爭取嘛，你還很年輕噢，我的同志。

陸文婷: 我家庭出身不好。

秦波: 哎，這個問題不能這麼看嘛，啊，家庭不能選擇，道路是可以選擇的。黨的政策歷來是有成分論，不唯成分論，重在表現，只要你真正同家庭劃清界限，對人民做出貢獻，黨的大門是對你敞開着的。

陸文婷: 焦副部長.

焦副部長: 欸。

陸文婷: 如果没有甚麼別的情況，我們後天給你做手術。

焦副部長: 行啊，早做完了，早出院。

陸文婷: 請您看一下。

焦副部長: 欸。

秦波: 陸大夫。

陸文婷: 嗯。

秦波: 你是回家嗎？

陸文婷: 是的。

秦波: 用焦副部長的車子送你回去吧?

陸文婷: 噢，不用了。

第十九景

陸文婷: 我繡完了。

傅家杰: 嗯. 看你女兒的睡像，調皮。

陸文婷: 她長得太快了，每年都得給她接一次。來吧。

傅家杰: 唉，甚麼時候再有半間房就好了，那怕六平方米，五平米也行啊，只要能放下一張桌子。

不知道她叫甚么名字，如果请她做手术，那就放心了。陆大夫，你也不要见怪，赵院长是很信任你的，当然我们也是很信任你的。希望你不要辜负领导上对你的期望噢，要向那位大夫学习嘛。啊，听说你还没有入党，要努力争取嘛，你还很年轻噢，我的同志。

陆文婷：　我家庭出身不好。

秦波：　哎，这个问题不能这么看嘛，啊，家庭不能选择，道路是可以选择的。党的政策历来是有成分论，不唯成分论，重在表现，只要你真正同家庭划清界限，对人民做出贡献，党的大门是对你敞开着的。

陆文婷：　焦副部长.

焦副部长：　欸。

陆文婷：　如果没有甚么别的情况，我们后天给你做手术。

焦副部长：　行啊，早做完了，早出院。

陆文婷：　请您看一下。

焦副部长：　欸。

秦波：　陆大夫。

陆文婷：　嗯。

秦波：　你是回家吗？

陆文婷：　是的。

秦波：　用焦副部长的车子送你回去吧?

陆文婷：　噢，不用了。

第十九景

陆文婷：　我绣完了。

傅家杰：　嗯. 看你女儿的睡像，调皮。

陆文婷：　她长得太快了，每年都得给她接一次。来吧。

傅家杰：　唉，甚么时候再有半间房就好了，那怕六平方米，五平米也行啊，只要能放下一张桌子。

陸文婷:　我得到醫院去一下，桌子你儘管用吧。

傅家杰:　這麼晚了，還去醫院？

陸文婷:　明天上午有兩個手術。我有些不放心，得去看一看。

傅家杰:　哼，你呀，人在家裡，魂在醫院。

陸文婷:　我就回來。啊，你不知道，明天上午的兩個手術挺有意思的，一老一小，一個是副部長，他的夫人老怕手術做不好，總是製造緊張空氣，還有一個…

傅家杰:　好了，好了，我的好大夫，早去早回吧。

陸文婷:　噢。

傅家杰:　欸，傘…

第二十景

陸文婷:　我先睡了。

傅家杰:　嗯。

陸文婷:　別管我。我已經進入半睡眠狀態了。你的論文怎麼辦？

傅家杰:　哼，損失了十年的時間，也不是一夜能補回來的。

陸文婷:　你知道我在想甚麼？

傅家杰:　你呀，甚麼也不該想。你應該閉上眼睛睡覺，明天好給病人做手術。

陸文婷:　你聽我說呀，你應該搬到研究所去住，這樣你就有時間了。我可不是說着玩兒的。你應該有所作爲，是我跟孩子拖累了你。

傅家杰:　不是這個問題。

陸文婷:　是這個問題，當然我們又不能離婚，孩子們又也不能沒有爸爸。科學家也不能沒有家庭呀。我們可以想點兒辦法，把你的八個小時變成十六個小時。

傅家杰:　兩個孩子，一大堆家務。

陸文婷:　離了你，我們家也照樣在地球上轉。你不是常說我是一個堅強的女人嗎？你放心吧。你的兒子不會餓肚子，你的女兒也不會受委屈。

陆文婷:　　我得到医院去一下，桌子你尽管用吧。

傅家杰:　　这么晚了，还去医院？

陆文婷:　　明天上午有两个手术。我有些不放心，得去看一看。

傅家杰:　　哼，你呀，人在家里，魂在医院。

陆文婷:　　我就回来。啊，你不知道，明天上午的两个手术挺有意思的，一老一小，一个是副部长，他的夫人老怕手术做不好，总是制造紧张空气，还有一个…

傅家杰:　　好了，好了，我的好大夫，早去早回吧。

陆文婷:　　噢。

傅家杰:　　欸，伞…

第二十景

陆文婷:　　我先睡了。

傅家杰:　　嗯。

陆文婷:　　别管我。我已经进入半睡眠状态了。你的论文怎么办？

傅家杰:　　哼，损失了十年的时间，也不是一夜能补回来的。

陆文婷:　　你知道我在想甚么？

傅家杰:　　你呀，甚么也不该想。你应该闭上眼睛睡觉，明天好给病人做手术。

陆文婷:　　你听我说呀，你应该搬到研究所去住，这样你就有时间了。我可不是说着玩儿的。你应该有所作为，是我跟孩子拖累了你。

傅家杰:　　不是这个问题。

陆文婷:　　是这个问题，当然我们又不能离婚，孩子们又也不能没有爸爸。科学家也不能没有家庭呀。我们可以想点儿办法，把你的八个小时变成十六个小时。

傅家杰:　　两个孩子，一大堆家务。

陆文婷:　　离了你，我们家也照样在地球上转。你不是常说我是一个坚强的女人吗？你放心吧。你的儿子不会饿肚子，你的女儿也不会受委屈。

傅家杰:　　好吧，試試吧。
陸文婷:　　從明天起。
傅家杰:　　唔。
陸文婷:　　嗯。
傅家杰:　　唉，在咱們中國，要想幹點兒事情可真是不容易呀. 戰爭年代老一輩爲革命做出很多犧牲。我們這一代爲了實現四化也在做出犧牲，只是這種犧牲常常不被人看見。

第二十一景

陸文婷:　　注意一下這個病人。他血壓有點兒高。昨天用了藥...
孫主任:　　欸，陸大夫，我正在找你呢，今天有角膜材料。
陸文婷:　　那太好了。我正有個病人。
孫主任:　　噢，你今天已經安排了兩個手術，身體能頂下來嗎？
陸文婷:　　能。
孫主任:　　噢，好。
陸文婷:　　快去找張大爺。來得正及時。
陸文婷:　　亞芬.
姜亞芬:　　嗯。
陸文婷:　　飛機票訂好了嗎？
姜亞芬:　　訂好了。文婷，你一上午做三個手術能行嗎？
陸文婷:　　行。

第二十二景

陸文婷:　　我們開始了。你不要緊張。我先給你打上麻藥，這樣你的眼睛就沒甚麼感覺了。我們一會兒就做完了。
焦副部長:　先等一等，等一等。
陸文婷:　　怎麼了？
焦副部長:　哎，陸大夫啊，上次我這隻眼睛就是你給做的手術吧？嗯，是你，傅家杰：　　好吧，试试吧。

陆文婷：　　从明天起。

傅家杰：　　唔。

陆文婷：　　嗯。

傅家杰：　　唉，在咱们中国，要想干点儿事情可真是不容易呀．战争年代老一辈为革命做出很多牺牲。我们这一代为了实现四化也在做出牺牲，只是这种牺牲常常不被人看见。

第二十一景

陆文婷：　　注意一下这个病人。他血压有点儿高。昨天用了药…

孙主任：　　欸，陆大夫，我正在找你呢，今天有角膜材料。

陆文婷：　　那太好了。我正有个病人。

孙主任：　　噢，你今天已经安排了两个手术，身体能顶下来吗？

陆文婷：　　能。

孙主任：　　噢，好。

陆文婷：　　快去找张大爷。来得正及时。

陆文婷：　　亚芬．

姜亚芬：　　嗯。

陆文婷：　　飞机票订好了吗？

姜亚芬：　　订好了。文婷，你一上午做三个手术能行吗？

陆文婷：　　行。

第二十二景

陆文婷：　　我们开始了。你不要紧张。我先给你打上麻药，这样你的眼睛就没甚么感觉了。我们一会儿就做完了。

焦副部长：　先等一等，等一等。

陆文婷：　　怎么了？

焦副部长：　哎，陆大夫啊，上次我这只眼睛就是你给做的手术吧？嗯，是你，是你，一定是你。上次你也是這麼說的，聲音、語調都一樣啊。

陸文婷：　是我。

焦副部長：　啊呀，你怎麼不早告訴我呀？我應當好好地感謝你。

陸文婷：　那沒有甚麼。

焦副部長：　啊呀，真沒想到，太巧了，太巧了。

陸文婷：　焦副部長，請你不要再動，也不要再講話了。

焦副部長：　好，好，好，好。

陸文婷：　我們開始了。

姜亞芬：　這是怎麼搞的？

陸文婷：　這種針怎麼能用呢？換一根。

陸文婷：　不要動。

姜亞芬：　你是怎麼回事？

焦副部長：　我，我想咳嗽。

陸文婷：　能忍一下嗎？

焦副部長：　不，不行。

陸文婷：　等一等。你先呵氣。噯，對，呵氣。先別咳出來。呵氣。嗯，呵氣，好，你可以咳了。

姜亞芬：　要輕一點啊。

陸文婷：　你咳吧。

姜亞芬：　不要緊了。

焦副部長：　對不起。我不想咳了。

陸文婷：　做。

第二十三景

大夫：　哎，你們消息可真靈啊。

大夫：　是孫主任特許的。

大夫：　還隔一個手術。

大夫：　一上午做三個？

焦副部長：　陸大夫，兩次手術都給你格外添了麻煩，真是過意不去。

是你，一定是你。上次你也是这么说的，声音、语调都一样啊。

陆文婷：　是我。

焦副部长：　啊呀，你怎么不早告诉我呀？我应当好好地感谢你。

陆文婷：　那没有甚么。

焦副部长：　啊呀，真没想到，太巧了，太巧了。

陆文婷：　焦副部长，请你不要再动，也不要再讲话了。

焦副部长：　好，好，好，好。

陆文婷：　我们开始了。

姜亚芬：　这是怎么搞的？

陆文婷：　这种针怎么能用呢？换一根。

陆文婷：　不要动。

姜亚芬：　你是怎么回事？

焦副部长：　我，我想咳嗽。

陆文婷：　能忍一下吗？

焦副部长：　不，不行。

陆文婷：　等一等。你先呵气。嗳，对，呵气。先别咳出来。呵气。嗯，呵气，好，你可以咳了。

姜亚芬：　要轻一点啊。

陆文婷：　你咳吧。

姜亚芬：　不要紧了。

焦副部长：　对不起。我不想咳了。

陆文婷：　做。

第二十三景

大夫：　哎，你们消息可真灵啊。

大夫：　是孙主任特许的。

大夫：　还隔一个手术。

大夫：　一上午做三个？

焦副部长：　陆大夫，两次手术都给你格外添了麻烦，真是过意不去。

陸文婷:　　沒甚麼。你好好休息，過兩天就給你拆線。

焦副部長:　欸。

陸文婷:　　走吧。

姜亞芬:　　接着做嗎？

陸文婷:　　做。

姜亞芬:　　這個手術我來做。你休息一下。

陸文婷:　　還是我來吧。

姜亞芬:　　你做下一個吧，不少人等着參觀你的手術呢。

陸文婷:　　你不知道，這個王小曼怕得要命。

王小曼:　　陸阿姨，陸阿姨，我害怕。我不做了。你去跟我媽說。

陸文婷:　　小曼，我們不是說好了嗎，要勇敢。

王小曼:　　痛。

陸文婷:　　嗯，要聽話。好孩子。一會兒阿姨給你打上麻藥，保證你一點都不痛。

王小曼:　　謝謝陸阿姨。

護士:　　　怎麼全濕透了？陸大夫。

陸文婷:　　噢，不知怎麼搞的，我今天特別愛出汗，真怪。

護士:　　　陸大夫。

姜亞芬:　　啊呀，文婷，你這是怎麼啦？

陸文婷:　　沒甚麼，可能是頭低久了，有點暈。

姜亞芬:　　噢，那你快去休息一下吧，啊！

陸文婷:　　不，角膜材料不能擱，病人也不能再等了。

姜亞芬:　　那，接着做嗎？

陸文婷:　　做。

第二十四景

張大爺:　　姑娘您別笑話。要不是巡迴醫療隊去我們村，說死了，
我也不挨這一刀。你想我的肉，你的刀，這一刀下去，
是好是歹，那誰知道啊？哈哈哈。

陆文婷：　没甚么。你好好休息，过两天就给你拆线。

焦副部长：　欸。

陆文婷：　走吧。

姜亚芬：　接着做吗？

陆文婷：　做。

姜亚芬：　这个手术我来做。你休息一下。

陆文婷：　还是我来吧。

姜亚芬：　你做下一个吧，不少人等着参观你的手术呢。

陆文婷：　你不知道，这个王小曼怕得要命。

王小曼：　陆阿姨，陆阿姨，我害怕。我不做了。你去跟我妈说。

陆文婷：　小曼，我们不是说好了吗，要勇敢。

王小曼：　痛。

陆文婷：　嗯，要听话。好孩子。一会儿阿姨给你打上麻药，保证你一点都不痛。

王小曼：　谢谢陆阿姨。

护士：　怎么全湿透了？陆大夫。

陆文婷：　噢，不知怎么搞的，我今天特别爱出汗，真怪。

护士：　陆大夫。

姜亚芬：　啊呀，文婷，你这是怎么啦？

陆文婷：　没甚么，可能是头低久了，有点晕。

姜亚芬：　噢，那你快去休息一下吧，啊！

陆文婷：　不，角膜材料不能搁，病人也不能再等了。

姜亚芬：　那，接着做吗？

陆文婷：　做。

第二十四景

张大爷：　姑娘您别笑话。要不是巡回医疗队去我们村，说死了，我也不挨这一刀。你想我的肉，你的刀，这一刀下去，是好是歹，那谁知道啊？哈哈哈。

護士:　　大爺，你小聲點兒。

張大爺:　　我懂，我懂。入鄉隨俗，到哪就得聽哪的，入了醫院就得守醫院的規矩。唉，姑娘，您不知道啊，一聽說這眼睛瞎了還能治好，我又想哭，又想笑。我爹瞎了半輩子，就那麼窩窩囊囊地入了土。沒想到我這瞎了瞎了還能見得亮。您說這是兩個世道不是？

護士:　　別動。

張大爺:　　說到哪兒，我也得說，社會主義好。

護士:　　你可別動，這可都是消了毒的，一碰就髒了。

張大爺:　　那可不，這我懂，我懂。

張大爺:　　哎，哎，哎，這…

護士:　　這是醫院的規矩。

張大爺:　　哦，捆吧。你就捆吧。要不是這雙眼治的，我可呆不住，生就這兔子脾氣，就愛滿世亂蹦。

護士:　　嘻嘻嘻…

張大爺:　　陸大夫，是您嗎？

陸文婷:　　是的。

張大爺:　　我一聽聲兒就聽出來了。

姜亞芬:　　噢，你們進來吧。

張大爺:　　也真怪，這眼一瞎，兩個耳朵倒透着那麼好使，沒法子，拿着耳朵當眼睛使了。

陸文婷:　　蓋起來。

張大爺:　　這眼珠子還能換，我可一輩子頭回聽說。

姜亞芬:　　張大爺，不是換眼珠，是換眼珠上的一層膜。

張大爺:　　嗨，那還不是一碼事嗎？您說，這得多高的手藝啊。我要是帶着兩個好眼回去，村裡人別說我遇了仙了，我得告訴他們，我遇見了陸大夫，真是遇到了仙了。

陸文婷:　　張大爺，別的大夫也一樣做。

張大爺:　　欸，那是，沒能耐他也邁不進這大醫院的高門坎兒了。

陸文婷:　　我們開始了。你不用緊張。

护士：　　大爷，你小声点儿。

张大爷：　我懂，我懂。入乡随俗，到哪就得听哪的，入了医院就得守医院的规矩。唉，姑娘，您不知道啊，一听说这眼睛瞎了还能治好，我又想哭，又想笑。我爹瞎了半辈子，就那么窝窝囊囊地入了土。没想到我这瞎了瞎了还能见得亮。您说这是两个世道不是？

护士：　　别动。

张大爷：　说到哪儿，我也得说，社会主义好。

护士：　　你可别动，这可都是消了毒的，一碰就脏了。

张大爷：　那可不，这我懂，我懂。

张大爷：　哎，哎，哎，这...

护士：　　这是医院的规矩。

张大爷：　哦，捆吧。你就捆吧。要不是这双眼治的，我可呆不住，生就这兔子脾气，就爱满世乱蹦。

护士：　　嘻嘻嘻...

张大爷：　陆大夫，是您吗？

陆文婷：　是的。

张大爷：　我一听声儿就听出来了。

姜亚芬：　噢，你们进来吧。

张大爷：　也真怪，这眼一瞎，两个耳朵倒透着那么好使，没法子，拿着耳朵当眼睛使了。

陆文婷：　盖起来。

张大爷：　这眼珠子还能换，我可一辈子头回听说。

姜亚芬：　张大爷，不是换眼珠，是换眼珠上的一层膜。

张大爷：　嗨，那还不是一码事吗？您说，这得多高的手艺啊。我要是带着两个好眼回去，村里人别说我遇了仙了，我得告诉他们，我遇见了陆大夫，真是遇到了仙了。

陆文婷：　张大爷，别的大夫也一样做。

张大爷：　欸，那是，没能耐他也迈不进这大医院的高门坎儿了。

陆文婷：　我们开始了。你不用紧张。

張大爺:　　哎，不緊張，沒事兒，動刀動剪還有個不痛的。您儘管放心。
陸文婷:　　張大爺，你可不准再說話了噢。
張大爺:　　哎，不說，不說，我再也不說話了。

第二十五景

陸文婷:　　看見了嗎？
張大爺:　　看見了，看見了。
大夫:　　手術做得可真漂亮。
張大爺:　　等等，等等，陸大夫，可真叫您受累了。
姜亞芬:　　文婷.
陸文婷:　　嗯。
姜亞芬:　　你怎麼啦？
陸文婷:　　沒甚麼，腿有點兒發麻。
姜亞芬:　　噢。
陸文婷:　　你先回去吧，晚上我去看你。

第二十六景

傅家杰:　　文婷，你怎麼啦？
陸文婷:　　沒甚麼，有點兒累。你怎麼還是回來了？
傅家杰:　　你到底怎麼啦？啊？到醫院去看看吧？
陸文婷:　　不用。
傅家杰:　　那，那快回家吧，啊!
陸文婷:　　不要緊，不要緊的。
傅家杰:　　你先睡一會兒，一會兒我叫你。
陸文婷:　　我睡不着。
傅家杰:　　噓———　，快閉上眼睛，閉上。
陸文婷:　　嗯，是啊，是該休息了。星期天我們帶孩子去北海玩一趟吧，都答應他們多少次了。

张大爷：　　哎，不紧张，没事儿，动刀动剪还有个不痛的。您尽管放心。
陆文婷：　　张大爷，你可不准再说话了噢。
张大爷：　　哎，不说，不说，我再也不说话了。

第二十五景

陆文婷：　　看见了吗？
张大爷：　　看见了，看见了。
大夫：　　　手术做得可真漂亮。
张大爷：　　等等，等等，陆大夫，可真叫您受累了。
姜亚芬：　　文婷.
陆文婷：　　嗯。
姜亚芬：　　你怎么啦？
陆文婷：　　没甚么，腿有点儿发麻。
姜亚芬：　　噢。
陆文婷：　　你先回去吧，晚上我去看你。

第二十六景

傅家杰：　　文婷，你怎么啦？
陆文婷：　　没甚么，有点儿累。你怎么还是回来了？
傅家杰：　　你到底怎么啦？啊？到医院去看看吧？
陆文婷：　　不用。
傅家杰：　　那，那快回家吧，啊!
陆文婷：　　不要紧，不要紧的。
傅家杰：　　你先睡一会儿，一会儿我叫你。
陆文婷：　　我睡不着。
傅家杰：　　嘘———　，快闭上眼睛，闭上。
陆文婷：　　嗯，是啊，是该休息了。星期天我们带孩子去北海玩一趟吧，都答应他们多少次了。

佳佳:　　你看，你看.
圓圓:　　媽媽，媽媽...

第二十七景

圓圓:　　媽！媽媽睡着了。
傅家杰:　　媽媽不舒服。
傅家杰:　　文婷，文婷，你很難受嗎？痛嗎？
陸文婷:　　嗯。
傅家杰:　　哪兒痛？
傅家杰:　　文婷，文婷，你看這個藥...
陸文婷:　　不。
傅家杰:　　那，那那...
陸文婷:　　上，上...醫院。
傅家杰:　　噢，噢。喂，喂，師傅，我是要送病人去醫院去急診呐。
師傅:　　那也要等半小時。
傅家杰:　　哎，師傅，我求...
傅家杰:　　醫院總機嗎？請接車隊。
接車隊:　　是啊，沒有領導批條子，不能派車。
行政處:　　請你和行政處聯繫一下。
傅家杰:　　停，停。
司機:　　幹甚麼？你啊？
傅家杰:　　師傅，對不起，請幫個忙吧，我愛人得了急病得送醫院去搶救。
司機:　　快上車。
傅家杰:　　嘿，謝謝。太謝謝了。

第二十八景

陸文婷:　　哦，這麼歇下來多好啊，永遠歇下來，甚麼也不想，甚麼也不知道。沒有悲傷，沒有勞累，沒有煩惱。永別了，家杰，你爲我佳佳：　　你看，你看.

圆圆：　　妈妈，妈妈…

第二十七景

圆圆：　　妈！妈妈睡着了。

傅家杰：　　妈妈不舒服。

傅家杰：　　文婷，文婷，你很难受吗？痛吗？

陆文婷：　　嗯。

傅家杰：　　哪儿痛？

傅家杰：　　文婷，文婷，你看这个药…

陆文婷：　　不。

傅家杰：　　那，那那…

陆文婷：　　上，上…医院。

傅家杰：　　噢，噢。喂，喂，师傅，我是要送病人去医院去急诊呐。

师傅：　　那也要等半小时。

傅家杰：　　哎，师傅，我求…

傅家杰：　　医院总机吗？请接车队。

接车队：　　是啊，没有领导批条子，不能派车。

行政处：　　请你和行政处联系一下。

傅家杰：　　停，停。

司机：　　干甚么？你啊？

傅家杰：　　师傅，对不起，请帮个忙吧，我爱人得了急病得送医院去抢救。

司机：　　快上车。

傅家杰：　　嘿，谢谢。太谢谢了。

第二十八景

陆文婷：　　哦，这么歇下来多好啊，永远歇下来，甚么也不想，甚么也不知道。没有悲伤，没有劳累，没有烦恼。永别了，家杰，你为我付出了一切。如果允許我懺悔，我將跪在你面前，請你原諒。原諒我沒有能報答你對我無微不至的關懷和體貼，原諒我對你照顧的那麼少，多少次我想着，等我稍許空一點兒，我要多盡一點兒妻子的責任，我要按時下班回家，讓你吃上一頓現成的晚飯。我要把三屜桌讓給你，給你創造條件寫完論文。遺憾啊，晚了，永別了。我的病人。我生活中最重要的部分屬於你們。你們不知道每治好一隻眼睛，給予我的是多麼極大的快樂，可惜這種快樂是再也不會有了。我離不開呀，離不開這折磨人，又叫人難捨的生活。

大夫: 心動異常。

傅家杰: 文婷，文婷。

大夫: 人工呼吸，注射，戴上冰帽。

第二十九景

王小曼: 我就看一眼。

護士: 不行。昨晚剛搶救過來，誰也不能進去。

王小曼: 她就是爲我做手術才病的呀。讓我進去看一眼吧。我一句話都不說。

護士: 不行。

張大爺: 同志啊，同志。讓我進去瞧瞧陸大夫吧。

護士: 呵，又一位，眼科病人怎麼到處亂竄。

張大爺: 同志啊，你不知道這內裡的詳情。陸大夫爲啥病倒的？就爲給我開刀啊，說實話，進去我也瞧不見。我尋思在她牀頭站站，也算盡我一點兒心意。

護士: 不是我不讓你進去，陸大夫是心臟病，不能激動。你們去了一驚動反而對她不好。

張大爺: 是這個理兒啊，嘿，都怪我，催個沒完。這，陸大夫要...

王小曼: 孫爺爺，孫爺爺，你是去看陸大夫的吧？帶我去看看吧。

孫主任: 啊，現在不行。

付出了一切。如果允许我忏悔，我将跪在你面前，请你原谅。原谅我没有能报答你对我无微不至的关怀和体贴，原谅我对你照顾的那么少，多少次我想着，等我稍许空一点儿，我要多尽一点儿妻子的责任，我要按时下班回家，让你吃上一顿现成的晚饭。我要把三屉桌让给你，给你创造条件写完论文。遗憾啊，晚了，永别了。我的病人。我生活中最重要的部分属于你们。你们不知道每治好一只眼睛，给予我的是多么极大的快乐，可惜这种快乐是再也不会有了。我离不开呀，离不开这折磨人，又叫人难舍的生活。

大夫：心动异常。

傅家杰：文婷，文婷。

大夫：人工呼吸，注射，戴上冰帽。

第二十九景

王小曼：我就看一眼。

护士：不行。昨晚刚抢救过来，谁也不能进去。

王小曼：她就是为我做手术才病的呀。让我进去看一眼吧。我一句话都不说。

护士：不行。

张大爷：同志啊，同志。让我进去瞧瞧陆大夫吧。

护士：呵，又一位，眼科病人怎么到处乱窜。

张大爷：同志啊，你不知道这内里的详情。陆大夫为啥病倒的？就为给我开刀啊，说实话，进去我也瞧不见。我寻思在她床头站站，也算尽我一点儿心意。

护士：不是我不让你进去，陆大夫是心脏病，不能激动。你们去了一惊动反而对她不好。

张大爷：是这个理儿啊，嘿，都怪我，催个没完。这，陆大夫要…

王小曼：孙爷爷，孙爷爷，你是去看陆大夫的吧？带我去看看吧。

孙主任：啊，现在不行。

張大爺:　　孫主任，孫主任，聽您的。我們不進去，可我有句話，今兒個不管你多忙，你得聽我説完。陸大夫是個好大夫，你們當領導的可得花本錢給她治啊。您把她治好了，她能救好多人吶，不是有好藥嗎？別捨不得。我跟人打聽，吃那貴重的藥得自個兒掏錢，陸大夫拉家帶口的，這又一病，這麼大的醫院能給她掏點兒唄，啊？

孫主任:　　我們一定盡一切努力給她治病。

張大爺:　　這是我一點兒心意，麻煩您交給陸大夫。

孫主任:　　這？

第三十景

秦波:　　趙院長，我是官僚主義，不了解情況，你怎麼也不了解情況啊？要不是老焦把她認出來，我們都還蒙在鼓裡呢。

趙院長:　　那一段我也在幹校啊。請吧。

秦波:　　好。

大夫:　　趙院長，您好。

大夫:　　你看.

趙院長:　　嗯。

秦波:　　陸大夫好一點兒了嗎？

趙院長:　　嗯。要注意病情的變化。

大夫:　　好的。

秦波:　　焦副部長很感謝你，本來要親自來看你，是我沒讓他來。我代表他來看你。你想吃甚麼，缺甚麼，有甚麼困難儘管説，不要客氣，啊！你還年輕，要樂觀些。對待疾病嘛，“既來之，則安之”，啊！

趙院長:　　秦波同志啊，讓病人休息吧。

秦波:　　噢，你好好休息吧。過兩天我再來看你啊。

秦波:　　趙院長，我可要給你們提個意見吶，像陸大夫這樣的人才，怎麼平時不關心，讓她病成這樣呢？嗯？中年幹部，現在是张大爷：　孙主任，孙主任，听您的。我们不进去，可我有句话，今儿个不管你多忙，你得听我说完。陆大夫是个好大夫，你们当领导的可得花本钱给她治啊。您把她治好了，她能救好多人呐，不是有好药吗？别舍不得。我跟人打听，吃那贵重的药得自个儿掏钱，陆大夫拉家带口的，这又一病，这么大的医院能给她掏点儿呗，啊？

孙主任：　我们一定尽一切努力给她治病。

张大爷：　这是我一点儿心意，麻烦您交给陆大夫。

孙主任：　这？

第三十景

秦波：　赵院长，我是官僚主义，不了解情况，你怎么也不了解情况啊？要不是老焦把她认出来，我们都还蒙在鼓里呢。

赵院长：　那一段我也在干校啊。请吧。

秦波：　好。

大夫：　赵院长，您好。

大夫：　你看.

赵院长：　嗯。

秦波：　陆大夫好一点儿了吗？

赵院长：　嗯。要注意病情的变化。

大夫：　好的。

秦波：　焦副部长很感谢你，本来要亲自来看你，是我没让他来。我代表他来看你。你想吃甚么，缺甚么，有甚么困难尽管说，不要客气，啊！你还年轻，要乐观些。对待疾病嘛，“既来之，则安之”，啊！

赵院长：　秦波同志啊，让病人休息吧。

秦波：　噢，你好好休息吧。过两天我再来看你啊。

秦波：　赵院长，我可要给你们提个意见呐，像陆大夫这样的人才，怎么平时不关心，让她病成这样呢？嗯？中年干部，现在是我們的骨幹力量，我的同志喲，要珍惜人才啊。

傅家杰: 她是誰？

孫主任: 一個馬列主義老太太。

傅家杰: 文婷，你在想甚麼？你想要甚麼？你跟我說啊。我願意是激流，只要我的愛人是一條小魚，在我的浪花裡游來游去。

陸文婷: 我不能…游了…

傅家杰: 我願意是荒林，只要我的愛人是一隻小鳥在我那稠密的樹林裡做窩、鳴叫…

陸文婷: 我飛…飛不動了…

傅家杰: 不，不會的，不會的。我願意是廢墟，只要你是常春藤，沿着我荒涼的額，攀援上升。

陸文婷: 我…攀不…

傅家杰: 文婷，你想說甚麼呀？啊，你說呀。你想要甚麼？

陸文婷: 給圓圓買…買白球鞋。

傅家杰: 我，我給他買。

陸文婷: 給，給佳佳紮、紮、紮小辮兒。

傅家杰: 我給她紮。文婷，是我沒有把你照顧好啊。是我沒有把你們照顧好啊。

陳奶奶: 佳佳。

佳佳: 陳奶奶。

陳奶奶: 快，吃飯了。

佳佳: 陳奶奶，我紮的好嗎？

陳奶奶: 嗯，好，真好啊。呵呵呵…

第三十一景

姜亞芬: 文婷，文婷，文婷啊。

劉大夫: 明天一早我們就走了。

姜亞芬: 文婷，想不到我們竟是這樣的分別了。我不知道爲甚麼這樣傷心。我忽然覺得我做錯了一件事。我是不該走的。我捨不得我们的骨干力量，我的同志哟，要珍惜人才啊。

傅家杰：　她是谁？

孙主任：　一个马列主义老太太。

傅家杰：　文婷，你在想甚么？你想要甚么？你跟我说啊。我愿意是激流，只要我的爱人是一条小鱼，在我的浪花里游来游去。

陆文婷：　我不能…游了…

傅家杰：　我愿意是荒林，只要我的爱人是一只小鸟在我那稠密的树林里做窝、鸣叫…

陆文婷：　我飞…飞不动了…

傅家杰：　不，不会的，不会的。我愿意是废墟，只要你是常春藤，沿着我荒凉的额，攀援上升。

陆文婷：　我…攀不…

傅家杰：　文婷，你想说甚么呀？啊，你说呀。你想要甚么？

陆文婷：　给圆圆买…买白球鞋。

傅家杰：　我，我给他买。

陆文婷：　给，给佳佳扎、扎、扎小辫儿。

傅家杰：　我给她扎。文婷，是我没有把你照顾好啊。是我没有把你们照顾好啊。

陈奶奶：　佳佳。

佳佳：　陈奶奶。

陈奶奶：　快，吃饭了。

佳佳：　陈奶奶，我扎的好吗？

陈奶奶：　嗯，好，真好啊。呵呵呵…

第三十一景

姜亚芬：　文婷，文婷，文婷啊。

刘大夫：　明天一早我们就走了。

姜亚芬：　文婷，想不到我们竟是这样的分别了。我不知道为甚么这样伤心。我忽然觉得我做错了一件事。我是不该走的。我舍不得

這裡的一切。捨不得呀。我懼怕過去的惡夢。我缺少像你
那樣的勇氣。如果我能有你一半的勇氣和毅力，我就不會做出
今天的抉擇。老劉一直忙於收拾東西，不及思索，好像走的
決心從來沒有動搖過，但是昨天晚上，他把最後一件衣服塞近
箱子裡去，忽然說：「從此以後，我們就是天涯孤客了。」
以後，他就一直沉默不語，直到現在，他連一句話都沒有說過。
想到就要上飛機了，我就心神不定，甚至感到害怕，去一個
陌生的國度裡，一個同我們完全不同的社會。我們能適應嗎？
原諒我吧。我走了。我把心留在你身邊，留在我親愛的祖國。
不管我走向何方，我都不會忘記故國的恩情。

陸文婷: 會回來的。

傅家杰: 嗯？

陸文婷: 會回來的。

第三十二景

張大爺: 陸大夫，您可好好養着啊。

陸文婷: 嗯。

王小曼: 陸阿姨，我的眼睛全好了。媽媽。

王太太: 陸大夫，謝謝您。

傅家杰: 孫主任，你們請回吧。

孫主任: 好，再見!

傅家杰: 再見，趙院長。

趙院長: 好好養病啊。

陸文婷: 欸。

王小曼: 陸阿姨，再見!

眾人: 再見!

这里的一切。舍不得呀。我惧怕过去的恶梦。我缺少像你那样的勇气。如果我能有你一半的勇气和毅力，我就不会做出今天的抉择。老刘一直忙于收拾东西，不及思索，好像走的决心从来没有动摇过，但是昨天晚上，他把最后一件衣服塞近箱子里去，忽然说：「从此以后，我们就是天涯孤客了。」以后，他就一直沉默不语，直到现在，他连一句话都没有说过。想到就要上飞机了，我就心神不定，甚至感到害怕，去一个陌生的国度里，一个同我们完全不同的社会。我们能适应吗？原谅我吧。我走了。我把心留在你身边，留在我亲爱的祖国。不管我走向何方，我都不会忘记故国的恩情。

陆文婷：　会回来的。

傅家杰：　嗯？

陆文婷：　会回来的。

第三十二景

张大爷：　陆大夫，您可好好养着啊。

陆文婷：　嗯。

王小曼：　陆阿姨，我的眼睛全好了。妈妈。

王太太：　陆大夫，谢谢您。

傅家杰：　孙主任，你们请回吧。

孙主任：　好，再见!

傅家杰：　再见，赵院长。

赵院长：　好好养病啊。

陆文婷：　欸。

王小曼：　陆阿姨，再见!

众人：　再见!

Part Two
Vocabulary List

第二部分
生詞及例句

人到中年 生詞及例句

第一景

生詞

1	中年	zhōng nián	middle age
2	以往	yǐwǎng	in the past; previously
3	夢中	mèng zhòng	in dream land
4	死亡	sǐwáng	death; doom
＊5	心肌梗塞	xīnjī gěngsè	myocardial infarction
6	繼續	jìxù	to continue, continuously
＊7	靜脈	jìngmài	vein
＊8	滴注	dīzhù	intravenous injection
＊9	極化液	jíhuàyè	polarization fluid
＊10	罌粟鹼	yīngsùjiǎn	poppy alkali (opium)
11	注射	zhùshè	to inject

例句

1 以往就是“以前”、“從前”的意思。

2 陸大夫在夢中想以往的事。

3 請你繼續說這個故事。

4 我的眼睛忽然看不見了，得到眼科去看大夫。

人到中年 生词及例句

第一景

生词

1	中年	zhōng nián	middle age
2	以往	yǐwǎng	in the past; previously
3	梦中	mèng zhōng	in dream land
4	死亡	sǐwáng	death; doom
＊5	心肌梗塞	xīnjī gěngsè	myocardial infarction
6	继续	jixù	to continue, continuously
＊7	静脉	jìngmài	vein
＊8	滴注	dīzhù	intravenous injection
＊9	极化液	jíhuàyè	polarization fluid
＊10	罂粟鹼	yīngsùjián	poppy alkali (opium)
11	注射	zhùshè	to inject

例句

1 以往就是“以前”、“从前”的意思。

2 陆大夫在梦中想以往的事。

3 请你继续说这个故事。

4 我的眼睛忽然看不见了，得到眼科去看大夫。

第二景

生詞

1	眼科	yǎnkē	(department of) opthalmology
2	落後	luòhòu	fall behind
*3	空白	kòngbái	blank
4	具體	jùtǐ	concrete; specific
*5	激光	jīguāng	laser
*6	封閉	fēngbì	to seal
*7	視網膜	shìwǎngmó	retina
*8	破口	pòkǒu	to burst; to open
9	嘗試	chángshì	to try; attempt
10	冷凍	lěngdòng	freezing
*11	摘除	zhāichú	to excise
*12	白內障	báinèizhàng	cataract
13	普遍	pǔbiàn	widespread; common [Taiwan (also) pǔpiàn]
14	推廣	tuīguǎng	to popularize; to spread
15	資料	zīliào	data; material
16	查字典	chá zìdiǎn	to look up in dictionary
17	吃力	chīlì	entail strenuous effort
18	留	liú	to remain
19	嚴格	yángé	strict; rigorous
20	無所謂	wú suǒwèi	not important; indifferent
21	小兒科	xiǎoér kē	(department of) pediatrics
22	整天	zhěng tiān	whole day; all day long
*23	嘰呱亂叫	jīguāluànjiào	noises of children and babies

第二景

生词

1	眼科	yǎnkē	(department of) opthalmology
2	落后	luòhòu	fall behind
*3	空白	kòngbái	blank
4	具体	jùtǐ	concrete; specific
*5	激光	jīguāng	laser
*6	封闭	fēngbì	to seal
*7	视网膜	shìwǎngmó	retina
*8	破口	pòkǒu	to burst; to open
9	尝试	chángshì	to try; attempt
10	冷冻	lěngdòng	freezing
*11	摘除	zhāichú	to excise
*12	白内障	báinèizhàng	cataract
13	普遍	pǔbiàn	widespread; common [Taiwan (also) pǔpiàn]
14	推广	tuīguǎng	to popularize; to spread
15	资料	zīliào	data; material
16	查字典	chá zìdiǎn	to look up in dictionary
17	吃力	chīlì	entail strenuous effort
18	留	liú	to remain
19	严格	yángé	strict; rigorous
20	无所谓	wú suǒwèi	not important; indifferent
21	小儿科	xiǎoér kē	(department of) pediatrics
22	整天	zhěng tiān	whole day; all day long
*23	叽呱乱叫	jīguāluànjiào	noises of children and babies

24	煩死人	fánsǐrén	annoy (people to death)
25	欸	ài	say
26	必須	bìxū	must
27	住院醫(生)	zhùyuàn yī (shēng)	resident (in hospital)
28	呆在	dāi zài	to stay in
29	不准	bù zhǔn	not allowed
30	結婚	jiéhūn	to marry
31	哼	hǹg	hmph
32	簡直	jiǎnzhí	simply
*33	修道院	xiūdàoyuàn	convent
*34	修道	xiūdào	cultivate the Tao; join a religious order
35	咱們	zánmen	we (including person spoken to)

例句

1 陸大夫覺得中國的眼科還很落後。
2 請你把具體的意見說一說。
3 這種工作我沒做過，但是我願意嘗試嘗試。
4 這個東西很普遍，哪兒都買得到。
5 香港現在推廣國語。
6 我看英文的資料一定得查字典。
7 這個工作太難，做起來很吃力。
8 你願意留在眼科工作嗎？
9 那位老師很嚴格，你得好好念書。
10 無所謂是“沒有關係”“不要緊”的意思。
11 在小兒科做事必須得喜歡小孩兒。
12 整天呆在家裡沒事做，真煩死人了。
13 誰說住院醫生不准結婚？

24	烦死人	fánsírén	annoy (people to death)
25	欸	ài	say
26	必须	bìxū	must
27	住院医(生)	zhùyuàn yī (shēng)	resident (in hospital)
28	呆在	dāi zài	to stay in
29	不准	bù zhǔn	not allowed
30	结婚	jiéhūn	to marry
31	哼	hǹg	hmph
32	简直	jiǎnzhí	simply
*33	修道院	xiūdàoyuàn	convent
*34	修道	xiūdào	cultivate the Tao; join a religious order
35	咱们	zánmen	we (including person spoken to)

例句

1 陆大夫觉得中国的眼科还很落后。
2 请你把具体的意见说一说。
3 这种工作我没做过，但是我愿意尝试尝试。
4 这个东西很普遍，哪儿都买得到。
5 香港现在推广国语。
6 我看英文的资料一定得查字典。
7 这个工作太难，做起来很吃力。
8 你愿意留在眼科工作吗？
9 那位老师很严格，你得好好念书。
10 无所谓是"没有关系""不要紧"的意思。
11 在小儿科做事必须得喜欢小孩儿。
12 整天呆在家里没事做，真烦死人了。
13 谁说住院医生不准结婚？

14 住院醫生不准結婚，簡直沒道理。

15 咱們一塊兒出去玩兒吧。

第三景

生詞

*1	乖乖	guāiguāi	well-behaved; be good
*2	阿姨	āyí	aunt; a child's form of address for any woman of its mother's generation; auntie
3	遙遠	yáoyuǎn	far away

例句

1 “遙遠”是“很遠”的意思。

第五景

生詞

*1	激流	jīliú	rapids; torrent
*2	浪花	lànghuā	spray; spindrift; crest of a wave
3	快樂	kuàilè	happy
*4	荒林	huāng líng	wild forest
5	小鳥	xiǎo niǎo	a small bird
*6	稠密	chóumì	dense
7	樹林	shùlín	forest, woods
*8	做窩	zuò wō	make a nest

14 住院医生不准结婚，简直没道理。

15 咱们一块儿出去玩儿吧。

第三景

生词

*1	乖乖	guāiguāi	well-behaved; be good
*2	阿姨	āyí	aunt; a child's form of address for any woman of its mother's generation; auntie
3	遥远	yáoyuǎn	far away

例句

1 "遥远"是"很远"的意思。

第五景

生词

*1	激流	jīliú	rapids; torrent
*2	浪花	lànghuā	spray; spindrift; crest of a wave
3	快乐	kuàilè	happy
*4	荒林	huāng líng	wild forest
5	小鸟	xiǎo niǎo	a small bird
*6	稠密	chóumì	dense
7	树林	shùlín	forest, woods
*8	做窝	zuò wō	make a nest

*9	鳴叫	míngjiào	the singing of birds
*10	廢墟	fèixū	ruins
*11	青春	qīngchūn	youth; youthfulness
*12	常春藤	chángchūn téng	Chinese ivy
13	沿着	yánzhe	along
14	荒涼	huāngliáng	dead and desolate; wild
15	額	é	forehead
16	親密地	qīnmìdi	intimately
17	攀援	pānyuán	to climb
18	上升	shàngshēng	go up; to rise
*19	匈亞利	Xiōngyalì	Hungary
*20	裴多菲	Péiduōfēi	Petofi, Sandor (19th century Hungarian poet)
21	真怪	zhēn guài	really strange
*22	金屬力學	jīnshǔ-lìxué	metal-mechanics
23	讀	dú	to read
24	詩	shī	poem; poetry
25	搞	gǎo	to do; to engage in; to carry on (commonly used in PRC)
26	幻想	huànxiǎng	illusion; fantasy
*27	手術	shǒushù	surgical operation
*28	一針一線	yìzhēn-yíxiàn	each stitch
29	重見	chóng jiàn	to see again
30	光明	guāngmíng	light; bright
31	擱	gē	to put

例句

1 他們的家庭很快樂，人人都很高興。

＊9	鳴叫	míngjiào	the singing of birds
＊10	废墟	fèixū	ruins
＊11	青春	qīngchūn	youth; youthfulness
＊12	常春藤	chángchūn téng	Chinese ivy
13	沿着	yánzhe	along
14	荒凉	huāngliáng	dead and desolate; wild
15	额	é	forehead
16	亲密地	qīnmìdi	intimately
17	攀援	pānyuán	to climb
18	上升	shàngshēng	go up; to rise
＊19	匈亚利	Xiōngyalì	Hungary
＊20	裴多菲	Péiduōfēi	Petofi, Sandor (19th century Hungarian poet)
21	真怪	zhēn guài	really strange
＊22	金属力学	jīnshǔ-lìxué	metal-mechanics
23	读	dú	to read
24	诗	shī	poem; poetry
25	搞	gǎo	to do; to engage in; to carry on (commonly used in PRC)
26	幻想	huànxiáng	illusion; fantasy
＊27	手术	shǒushù	surgical operation
＊28	一针一綫	yìzhēn-yíxiàn	each stitch
29	重见	chóng jiàn	to see again
30	光明	guāngmíng	light; bright
31	搁	gē	to put

例句

1　他们的家庭很快乐，人人都很高兴。

2 樹林裡有很多小鳥。

3 你沿着這條路走就可以到他家了。

4 這個地方真荒涼，一個人都沒有。

5 他最近跟他女朋友的關係很親密。

6 真怪，剛才天氣還很好，怎麼現在下起雪來了。

7 難道說搞科學的人就不能讀詩嗎？

8 我跟父母離開很多年了，不知道甚麼時候才能重見。

9 只要你努力，前途一定會很光明。

10 請你把那本書擱在桌子上。

第六景

生詞

1	勸勸	quànquan	to persuade; to urge
2	戀愛	liàn'ài	in love
*3	墳墓	fénmù	grave; tomb
4	充滿	chōngmǎn	full of
5	陽光	yángguāng	sunshine; sunlight
6	將	jiāng	will; about
*7	而	ér	but; on the contrary
8	恭喜	gōngxǐ	congratulations
9	祝賀	zhùhè	to congratulate
10	經驗	jīngyàn	experience
*11	攻下	gōngxià	to conquest; to overcome
*12	城堡	chéngbǎo	castle
*13	去你的！	qùnǐde	(colloquial) get out of here! come off it!

2　树林里有很多小鸟。

3　你沿着这条路走就可以到他家了。

4　这个地方真荒凉，一个人都没有。

5　他最近跟他女朋友的关系很亲密。

6　真怪，刚才天气还很好，怎么现在下起雪来了。

7　难道说搞科学的人就不能读诗吗？

8　我跟父母离开很多年了，不知道甚么时候才能重见。

9　只要你努力，前途一定会很光明。

10　请你把那本书搁在桌子上。

第六景

生词

1	劝劝	quànquan	to persuade; to urge
2	恋爱	liàn'ài	in love
＊3	坟墓	fénmù	grave; tomb
4	充满	chōngmǎn	full of
5	阳光	yángguāng	sunshine; sunlight
6	将	jiāng	will; about
＊7	而	ér	but; on the contrary
8	恭喜	gōngxǐ	congratulations
9	祝贺	zhùhè	to congratulate
10	经验	jīngyàn	experience
＊11	攻下	gōngxià	to conquest; to overcome
＊12	城堡	chéngbǎo	castle
＊13	去你的！	qùnǐde	(colloquial) get out of here! come off it!

例句

1 請你勸勸他不要常喝酒。

2 人戀愛的時候，甚麼事都忘了。

3 青年人都充滿了希望。

4 這間屋子一點兒陽光都沒有，所以很黑。

5 他將要出國了。

6 恭喜！恭喜！你大學畢業了。

7 你們要結婚了？祝賀你們永遠快樂！

8 他做過很多年事，所以很有經驗。

第七景

生詞

1	監視	jiānshì	to keep watch on
*2	心電	xīndiàn	electrocardiograph
3	變化	biànhuà	change
4	血壓	xuèyā	blood pressure
*5	親人	qīnrén	family member
6	保養	bǎoyǎng	to take good care of one's health
7	辛苦	xīnkǔ	toilsome
8	一級	yìjí	first class; best
9	護理	hùlǐ	nursing
*10	抽人	chōu rén	to draw part of the labor force from other work
11	先顧	xiān gù	to consider first
12	眼前	yǎnqián	at present; at the moment
13	信號	xìnhào	signal

例句

1 请你劝劝他不要常喝酒。

2 人恋爱的时候，甚么事都忘了。

3 青年人都充满了希望。

4 这间屋子一点儿阳光都没有，所以很黑。

5 他将要出国了。

6 恭喜！恭喜！你大学毕业了。

7 你们要结婚了？祝贺你们永远快乐！

8 他做过很多年事，所以很有经验。

第七景

生词

1	监视	jiānshì	to keep watch on
*2	心电	xīndiàn	electrocardiograph
3	变化	biànhuà	change
4	血压	xuèyā	blood pressure
*5	亲人	qīnrén	family member
6	保养	bǎoyǎng	to take good care of one's health
7	辛苦	xīnkǔ	toilsome
8	一级	yìjí	first class; best
9	护理	hùlǐ	nursing
*10	抽人	chōu rén	to draw part of the labor force from other work
11	先顾	xiān gù	to consider first
12	眼前	yǎnqián	at present; at the moment
13	信号	xìnhào	signal

14	骨幹	gǔgàn	backbone; mainstay
15	素質	sùzhí	quality
16	擔子	dànzi	load; burden
17	負擔	fùdān	to bear(a burden); load; burden
18	按規定	àn guīdìng	according to the rules
*19	憑	píng	based on; to go by
*20	晉升	jìnshēng	to promote to a higher office
*21	主任級	zhǔrèn jí	the rank of the director
*22	主治大夫	zhǔzhì dàifu	doctor in charge of a case
*23	一貫	yíguàn	all along
24	工資	gōngzī	wages; pay
*25	手術刀	shǒushù dāo	scalpels
*26	剃頭刀	tìtóu dāo	straight razors
*27	調級	tiáo jí	adjustment of rank
28	僧多粥少	sēng-duō-zhōu shǎo	the monks are many and the gruel is meagre--not enough (position, gifts, etc.) to go around because there are too many people in line.
*29	支部	zhībù	branch (of party)
30	科技	kējì	science and technology
31	石沉大海	shí-chén-dà-hǎi	(literally) rocks falling into the sea--completely without information or response; no news at all; without a trace.
32	發牢騷	fā láosāo	to complain
*33	三令五申	sān-lìng-wǔ-shēn	repeated orders and injunctions
34	珍惜	zhēnxī	to cherish; to treasure
35	人才	réncái	a man with talent; a man of ability

14	骨干	gǔgàn	backbone; mainstay
15	素质	sùzhí	quality
16	担子	dànzi	load; burden
17	负担	fùdān	to bear(a burden); load; burden
18	按规定	àn guīdìng	according to the rules
＊19	凭	píng	based on; to go by
＊20	晋升	jìnshēng	to promote to a higher office
＊21	主任级	zhǔrèn jí	the rank of the director
＊22	主治大夫	zhǔzhì dàifu	doctor in charge of a case
＊23	一贯	yíguàn	all along
24	工资	gōngzī	wages; pay
＊25	手术刀	shǒushù dāo	scalpels
＊26	剃头刀	tìtóu dāo	straight razors
＊27	调级	tiáo jí	adjustment of rank
28	僧多粥少	sēng-duō-zhōu shǎo	the monks are many and the gruel is meagre--not enough (position, gifts, etc.) to go around because there are too many people in line.
＊29	支部	zhībù	branch (of party)
30	科技	kējì	science and technology
31	石沉大海	shí-chén-dà-hǎi	(literally) rocks falling into the sea--completely without information or response; no news at all; without a trace.
32	发牢骚	fā láosāo	to complain
＊33	三令五申	sān-lìng-wǔ-shēn	repeated orders and injunctions
34	珍惜	zhēnxī	to cherish; to treasure
35	人才	réncái	a man with talent; a man of ability

36	落實	luòshí	to carry out; to implement
37	知識份子	zhīshi fènzǐ	intellectuals
38	政策	zhèngcè	policy
39	空話	kōng huà	empty talk; idle talk
*40	心臟病	xīnzàng bìng	heart disease
*41	冰凍三尺	bīng-dòng-sān-chǐ	From the saying: (literally) ice sheet of three feet in thickness (implying that it takes more than one cold day to form)--the grudges or animosity have their roots deep; the trouble has been brewing for quite some time.
42	安排	ānpái	to arrange, to plan
*43	角膜移植	jiǎomó yízhí	cornea transplanting
44	突然	tūrán	suddenly (Taiwan also turan)
*45	白內障摘除	báinèizhàng zhāichú	cataract extraction
*46	嗯	ǹg	unh-hunh; yes
47	恐怕	kǒngpà	perhaps
*48	暗室	ànshì	darkroom
49	噢	ò	oh
*50	臨床經驗	línchuáng jīngyàn	clinical experience
51	身強力壯	shēnqiáng-lìzhuàng	(of a person) strong; tough; sturdy
52	全勤	quán qín	full attendance
53	把握	bǎwò	certainty; assurance
*54	副主任	fù zhǔrèn	vice-chairman
55	黨員	dǎngyuán	Party member (Chinese Communist Party)

36	落实	luòshí	to carry out; to implement
37	知识份子	zhīshi fènzi	intellectuals
38	政策	zhèngcè	policy
39	空话	kōng huà	empty talk; idle talk
*40	心脏病	xīnzàng bìng	heart disease
*41	冰冻三尺	bīng-dòng-sǎn-chǐ	From the saying: (literally) ice sheet of three feet in thickness (implying that it takes more than one cold day to form)--the grudges or animosity have their roots deep; the trouble has been brewing for quite some time.
42	安排	ānpái	to arrange, to plan
*43	角膜移植	jiǎomó yízhí	cornea transplanting
44	突然	tūrán	suddenly (Taiwan also turan)
*45	白内障摘除	báinèizhàng zhāichú	cataract extraction
*46	嗯	ǹg	unh-hunh; yes
47	恐怕	kǒngpà	perhaps
*48	暗室	ànshì	darkroom
49	噢	ò	oh
*50	临床经验	línchuáng jīngyàn	clinical experience
51	身强力壮	shēnqiáng-lìzhuàng	(of a person) strong; tough; sturdy
52	全勤	quán qín	full attendance
53	把握	bǎwò	certainty; assurance
*54	副主任	fù zhǔrèn	vice-chairman
55	党员	dǎngyuán	Party member (Chinese Communist Party)

*56	恕我直言	shù-wǒ-zhí-yán	excuse me for speaking bluntly
57	普普通通	pǔpǔ-tōngtōng	ordinary; common
58	考慮不週	kǎolù bù zhōu	not carefully thought out
59	態度	tàidu	attitude; manner
60	本錢	běnqián	essential; capital (in business)
61	歸國華僑	guīguó huá qiáo	returned overseas Chinese
62	繼承遺產	jìchéng yíchǎn	to inherit property
63	衝破	chōngpò	to break through
64	重重	chóngchóng	layer upon layer
65	阻力	zǔlì	obstruction; resistance
66	教訓	jiàoxùn	lesson; moral
67	深刻	shēnkè	deep; profound
68	加強	jiāqiáng	to enhance; to strengthen
69	思想	sīxiǎng	thought; ideology; thinking; ideas
70	政治	zhèngzhì	politics; political affairs
71	特殊	tèshū	special; particular

例句

1 我到哪兒他也到哪兒，好像在監視我。

2 這兩天的天氣變化真快，一會兒下雨，一會兒下雪。

3 大夫説我的血壓太高，得小心。

4 他身體保養得很好，一點兒病都沒有。

5 你一天做十五個鐘頭的事，太辛苦了。

6 病人的身體不好需要一級的護理。

7 我們應該先顧有心臟病的人。

8 我們不能只顧眼前，不顧將來。

9 他給一個信號，火車就開動了。

10 青年人是國家的骨幹。

*56	恕我直言	shù-wǒ-zhí-yán	excuse me for speaking bluntly
57	普普通通	púpǔ-tōngtōng	ordinary; common
58	考虑不周	kǎolǜ bù zhōu	not carefully thought out
59	态度	tàidu	attitude; manner
60	本钱	běnqián	essential; capital (in business)
61	归国华桥	guīguó huáqiáo	returned overseas Chinese
62	继承遗产	jìchéng yíchǎn	to inherit property
63	冲破	chōngpò	to break through
64	重重	chóngchóng	layer upon layer
65	阻力	zǔlì	obstruction; resistance
66	教训	jiàoxùn	lesson; moral
67	深刻	shēnkè	deep; profound
68	加强	jiāqiáng	to enhance; to strengthen
69	思想	sīxiǎng	thought; ideology; thinking; ideas
70	政治	zhèngzhì	politics; political affairs
71	特殊	tèshū	special; particular

例句

1 我到哪儿他也到哪儿，好像在监视我。
2 这两天的天气变化真快，一会儿下雨，一会儿下雪。
3 大夫说我的血压太高，得小心。
4 他身体保养得很好，一点儿病都没有。
5 你一天做十五个钟头的事，太辛苦了。
6 病人的身体不好需要一级的护理。
7 我们应该先顾有心脏病的人。
8 我们不能只顾眼前，不顾将来。
9 他给一个信号，火车就开动了。
10 青年人是国家的骨干。

11 今年學生的素質不太好。

12 你父母得負擔四個孩子大學的學費，擔子真够重的。

13 按規定你今年應該晉升到副教授了。

14 美國工人的工資比別的國家工人高嗎？

15 人求事比事求人多，真是僧多粥少。

16 “科技”就是“科學技術”的意思。

17 我寫信去找事，到現在一點兒消息都沒有，真像石沉大海一樣。

18 他對他的工作不滿意，所以天天發牢騷。

19 國家應該珍惜人材。

20 如果政策不能落實，就跟說空話一樣。

21 知識分子是國家的骨幹，所以我們應該珍惜他們。

22 我要出國了，有很多事得安排，所以很忙。

23 他的眼睛突然看不見了。

24 大夫說那個病人的血壓太高，恐怕開刀很危險。

25 我年輕的時候，身強力壯，甚麼苦都能吃。

26 他天天來上課，是一個全勤的好學生。

27 這件事我做得好做不好，沒有把握。

28 你是共產黨黨員嗎？

29 這是一個普普通通的東西，不值那麼多錢。

30 這件事沒成功，是因爲事先考慮不週的原故。

31 因爲你對別人的態度不好，所以別人對你態度也不好。

32 身體好是一個人最大的本錢，你相信嗎？

33 這些人有的是從日本回來的中國人，有的是從美國回來的中國人，他們都是歸國華僑。

34 他父母很有錢，將來他父母死了以後，他可以繼承很多遺產。

35 他衝破了重重的阻力才能到美國來。

36 文化大革命給我的教訓太深刻了，我永遠也不會忘記。

37 爲甚麼要加強學生的思想跟政治訓練呢？

38 這個人真特殊，跟別人完全不一樣。

11 今年学生的素质不太好。

12 你父母得负担四个孩子大学的学费，担子真够重的。

13 按规定你今年应该晋升到副教授了。

14 美国工人的工资比别的国家工人高吗？

15 人求事比事求人多，真是僧多粥少。

16 “科技”就是“科学技术”的意思。

17 我写信去找事，到现在一点儿消息都没有，真像石沉大海一样。

18 他对他的工作不满意，所以天天发牢骚。

19 国家应该珍惜人材。

20 如果政策不能落实，就跟说空话一样。

21 知识分子是国家的骨干，所以我们应该珍惜他们。

22 我要出国了，有很多事得安排，所以很忙。

23 他的眼睛突然看不见了。

24 大夫说那个病人的血压太高，恐怕开刀很危险。

25 我年轻的时候，身强力壮，甚么苦都能吃。

26 他天天来上课，是一个全勤的好学生。

27 这件事我做得好做不好，没有把握。

28 你是共产党党员吗？

29 这是一个普普通通的东西，不值那么多钱。

30 这件事没成功，是因为事先考虑不周的原故。

31 因为你对别人的态度不好，所以别人对你态度也不好。

32 身体好是一个人最大的本钱，你相信吗？

33 这些人有的是从日本回来的中国人，有的是从美国回来的中国人，他们都是归国华侨。

34 他父母很有钱，将来他父母死了以后，他可以继承很多遗产。

35 他冲破了重重的阻力才能到美国来。

36 文化大革命给我的教训太深刻了，我永远也不会忘记。

37 为甚么要加强学生的思想跟政治训练呢？

38 这个人真特殊，跟别人完全不一样。

第八景

生詞

1	過意不去	guòyìbúqù	to feel apologetic; to feel sorry
*2	啥	shá or shà	(colloquial) what?
*3	眼神不濟	yǎnshén bújì	have poor eyesight
*4	摸摸索索	mōmō suǒsuǒ	to grope (in the dark)
*5	派活兒	pài huór	to assign duties/work
6	挺	tǐng	very
7	照顧	zhàogù	to look after; to give special consideration to
*8	敢情	gǎnqing	(colloquial) so; really; of course; naturally
9	爭氣	zhēngqì	to make a good showing
*10	俺	ǎn	I; we
11	愁	chóu	to worry; to be anxious
*12	預約本	yùyuē běn	appointment book
13	輪到你	lún dào nǐ	it is your turn
14	材料	cáiliào	material
15	當心	dāng xīn	to be careful

例句

1 你天天請我吃飯，我真過意不去。

2 這個孩子挺聰明，你怎麼說他很笨呢？

3 孩子小的時候，父母照顧他們，父母老的時候，孩子也照顧父母嗎？

4 這個孩子真不爭氣，天天喝酒，做壞事，把他父母氣死了。

5 家裡一點兒錢都沒有了，我怎麼能不愁呢。

第八景

生词

1	过意不去	guòyìbúqù	to feel apologetic; to feel sorry
*2	啥	shá or shà	(colloquial) what?
*3	眼神不济	yǎnshén bújì	have poor eyesight
*4	摸摸索索	mōmō suǒsuǒ	to grope (in the dark)
*5	派活儿	pài huór	to assign duties/work
6	挺	tǐng	very
7	照顾	zhàogù	to look after; to give special consideration to
*8	敢情	gǎnqing	(colloquial) so; really; of course; naturally
9	争气	zhēngqì	to make a good showing
*10	俺	ǎn	I; we
11	愁	chóu	to worry; to be anxious
*12	预约本	yùyuē běn	appointment book
13	轮到你	lún dào nǐ	it is your turn
14	材料	cáiliào	material
15	当心	dāng xīn	to be careful

例句

1 你天天请我吃饭，我真过意不去。

2 这个孩子挺聪明，你怎么说他很笨呢？

3 孩子小的时候，父母照顾他们，父母老的时候，孩子也照顾父母吗？

4 这个孩子真不争气，天天喝酒，做坏事，把他父母气死了。

5 家里一点儿钱都没有了，我怎么能不愁呢。

6 今天該我做飯，明天就該你做飯了。

7 沒有好的材料，怎麼能做出來好菜呢。

8 你開車的時候，千萬得當心。

第九景

生詞

1	害怕	hàipà	to be afraid; to be scared
*2	傻丫頭	shǎ yātou	silly girl
*3	打麻藥	dǎ máyào	to inject anesthetic
4	保證	bǎozhèng	to guarantee
5	痛	tòng/téng	hurt; pain
6	矯正	jiǎozhèng	to correct; to put right
7	手續	shǒuxù	procedures
8	通知	tōngzhī	to notify; to inform
9	採取	cǎiqǔ	to adopt; to take
10	措施	cuòshī	measure; step
11	制定	zhìdìng	to lay down; to draw up
12	方案	fāng'àn	scheme; plan
*13	稍些	shāoxiē	a little
14	急診	jízhěn	emergency treatment
15	退燒	tuìshāo	bring down a fever; (of a person's temperature) come down
*16	叨叨	dāodao	to talk on and on
17	成立	chénglì	to set up; establishment
*18	醫療	yīliáo	medical treatment
*19	醫療小組	yīliáo xiǎozǔ	a medical treatment team
20	登	dēng	to advertise (in a newspaper)

6 今天该我做饭，明天就该你做饭了。

7 没有好的材料，怎么能做出来好菜呢。

8 你开车的时候，千万得当心。

第九景

生词

1	害怕	hàipà	to be afraid; to be scared
*2	傻丫头	shǎ yātou	silly girl
*3	打麻药	dǎ máyào	to inject anesthetic
4	保证	bǎozhèng	to guarantee
5	痛	tòng/téng	hurt; pain
6	矫正	jiǎozhèng	to correct; to put right
7	手续	shǒuxù	procedures
8	通知	tōngzhī	to notify; to inform
9	采取	cǎiqǔ	to adopt; to take
10	措施	cuòshī	measure; step
11	制定	zhìdìng	to lay down; to draw up
12	方案	fāng'àn	scheme; plan
*13	稍些	shāoxiē	a little
14	急诊	jízhěn	emergency treatment
15	退烧	tuìshāo	bring down a fever; (of a person's temperature) come down
*16	叨叨	dāodao	to talk on and on
17	成立	chénglì	to set up; establishment
*18	医疗	yīliáo	medical treatment
*19	医疗小组	yīliáo xiǎozǔ	a medical treatment team
20	登	dēng	to advertise (in a newspaper)

21	消息	xiāoxi	news; information
*22	輕敵	qíng dí	to underestimate the enemy; to take something not too seriously
23	造成	zàochéng	to create; to cause; to bring about
24	失敗	shībài	to fail; defeated
25	凡	fán	whatever; all; every (used at the beginning of a sentence often followed by <u>dōu</u>)
*26	凡事預則立	fán-shì-yù zé-lì	in all things, success depends upon preparation
27	準備	zhǔnbèi	to prepare
28	充分	chōngfèn	full; ample
29	精神上	jīngshen shàng	spiritually
30	物質上	wùzhi shàng	material life
31	下班	xià bān	to go off work
32	咳嗽	késou	cough
*33	傷口	shāngkǒu	a wound
*34	切開	qiē kāi	incision (in medical); to cut up
*35	眼內	yǎn nèi	inside of the eye
*36	濾物	lǜ wù	fluid from the eye
37	脫落	tuōluò	to drop; to come off
38	擔心	dānxīn	to worry; to feel anxious
*39	心臟	xīnzhàng	the heart
*40	氣管炎	qìguǎnyán	bronchitis
41	厲害	lìhai	terribly; very
42	萬一	wànyī	in case
*43	手術檯	shǒushù tái	operating table
44	費心	fèixīn	please give a lot of care

21	消息	xiāoxi	news; information
✳22	轻敌	qīng dí	to underestimate the enemy; to take something not too seriously
23	造成	zàochéng	to create; to cause; to bring about
24	失败	shībài	to fail; defeated
25	凡	fán	whatever; all; every (used at the beginning of a sentence often followed by <u>dōu</u>)
✳26	凡事预则立	fán-shì-yù zé-lì	in all things, success depends upon preparation
27	准备	zhǔnbèi	to prepare
28	充分	chōngfèn	full; ample
29	精神上	jīngshen shàng	spiritually
30	物质上	wùzhi shàng	material life
31	下班	xià bān	to go off work
32	咳嗽	késou	cough
✳33	伤口	shāngkǒu	a wound
✳34	切开	qiē kāi	incision (in medical); to cut up
✳35	眼内	yǎn nèi	inside of the eye
✳36	滤物	lǜ wù	fluid from the eye
37	脱落	tuōluò	to drop; to come off
38	担心	dānxīn	to worry; to feel anxious
✳39	心脏	xīnzhàng	the heart
✳40	气管炎	qìguǎnyán	bronchitis
41	厉害	lìhai	terribly; very
42	万一	wànyī	in case
✳43	手术台	shǒushù tái	operating table
44	费心	fèixīn	please give a lot of care

例句

1 大夫給你動手術的時候，你害怕嗎？
2 吃了這個藥以後，你能保證我頭不痛了嗎？
3 老師得常常矯正學生的發音。
4 你出國的手續一辦好就馬上通知我。
5 政府採取這個措施好不好，很難說。
6 如果你能制定出來一個更好的方案，我就照着你的方案去做。
7 他的傷口很大，需要急診。
8 昨天那個病人的溫度很高，可是現在已經退燒了。
9 這個大學是甚麼時候成立的？
10 你要找事最好在報上登一個廣告。
11 我很久沒有他的消息了，沒想到昨天在報上看到了他要到美國來的消息。
12 你能告訴我造成文化大革命失敗的原因是甚麼嗎？
13 凡是中國人都會寫中國字嗎？
14 一切事情如果能有充分的準備，就不會失敗。
15 我先生不但給我很多物質上的幫助，也給我很多精神上的支持。
16 我每天早上八點鐘上班，晚上五點鐘下班。
17 他的燒雖然退了，可是咳嗽得很厲害。
18 我的頭髮都脫落了，我真擔心不久就會成一個光頭了。
19 “氣管炎”是氣管發炎的意思。要是你有氣管炎最好少抽煙。
20 孩子病了，萬一我不能回來，請你費心照顧他一會兒。

第十景

生詞

1 急性肺炎 jíxìng fèiyán acute pneumonia
2 托兒所 tuōér suǒ nursery; childcare center

例句

1 大夫给你动手术的时候，你害怕吗？
2 吃了这个药以后，你能保证我头不痛了吗？
3 老师得常常矫正学生的发音。
4 你出国的手续一办好就马上通知我。
5 政府采取这个措施好不好，很难说。
6 如果你能制定出来一个更好的方案，我就照着你的方案去做。
7 他的伤口很大，需要急诊。
8 昨天那个病人的温度很高，可是现在已经退烧了。
9 这个大学是甚么时候成立的？
10 你要找事最好在报上登一个广告。
11 我很久没有他的消息了，没想到昨天在报上看到了他要到美国来的消息。
12 你能告诉我造成文化大革命失败的原因是甚么吗？
13 凡是中国人都会写中国字吗？
14 一切事情如果能有充分的准备，就不会失败。
15 我先生不但给我很多物质上的帮助，也给我很多精神上的支持。
16 我每天早上八点钟上班，晚上五点钟下班。
17 他的烧虽然退了，可是咳嗽得很厉害。
18 我的头发都脱落了，我真担心不久就会成一个光头了。
19 “气管炎”是气管发炎的意思。要是你有气管炎最好少抽烟。
20 孩子病了，万一我不能回来，请你费心照顾他一会儿。

第十景

生词

1 急性肺炎 jíxìng fèiyán acute pneumonia
2 托儿所 tuōér suǒ nursery; childcare center

例句

1 他得了急性肺炎，得馬上送到醫院去。

2 我每天上班的時候，就把孩子送到托兒所去。

第十一景

生詞

1	運動會	yùndòng huì	athletic meeting
2	球鞋	qiúxié	tennis shoes, sneakers
3	遲到	chí dào	to be late; arrive late
4	催	cuī	to urge; to hasten; to press
＊5	燒餅	shāobǐng	sesame seed cake

例句

1 今年世界運動會在哪兒舉行？

2 打球的時候，一定得穿球鞋。

3 老師，對不起，今天我因爲有事，所以遲到了。
沒關係，以後別再遲到了。

4 請你催催他，時間不早了。
你最好別催他，越催他越慢。

第十二景

生詞

例句

1　他得了急性肺炎，得马上送到医院去。
2　我每天上班的时候，就把孩子送到托儿所去。

第十一景

生词

1	运动会	yùndòng huì	athletic meeting
2	球鞋	qiúxié	tennis shoes, sneakers
3	迟到	chí dào	to be late; arrive late
4	催	cuī	to urge; to hasten; to press
*5	烧饼	shāobǐng	sesame seed cake

例句

1　今年世界运动会在哪儿举行？
2　打球的时候，一定得穿球鞋。
3　老师，对不起，今天我因为有事，所以迟到了。
　没关系，以后别再迟到了。
4　请你催催他，时间不早了。
　你最好别催他，越催他越慢。

第十二景

生词

1	沙發	shāfā	sofa
*2	立櫃	lìguì	standing cabinets; bureaus
3	甚至	shènzhì	even
4	鋪蓋	pūgài	bedding
5	豐厚	fēnghòu	rich and generous; abundant
6	書籍	shūjí	books
7	屬於	shǔyú	to belong to
8	支配	zhīpèi	to allocate; to budget
9	珍貴	zhēnguì	precious; valuable
10	寧靜	níngjìng	peaceful; quiet
11	充實	chōngshí	substantial; enriched
12	夜晚	yèwǎn	night
13	難得	nándé	hard to come by; rare
14	匆匆	cōngcōng	hurriedly

例句

1 我不但可以借給你一張沙發，還可以借給你一床鋪蓋。

2 我的老師有豐厚的書籍，也有豐富的經驗。

3 時間雖然是屬於我自己的，可是我沒辦法支配。

4 這件東西很珍貴，很不容易買到。

5 今天晚上這麼寧靜，一點兒聲音都沒有。

6 我應該充實我自己，如果生活很充實，我想我就一定會很快樂。

7 有了孩子以後，就很難得有一個屬於自己的夜晚。

8 時間像飛一樣匆匆的過去了。

1	沙发	shāfā	sofa
＊2	立柜	lìguì	standing cabinets; bureaus
3	甚至	shènzhì	even
4	铺盖	pūgài	bedding
5	丰厚	fēnghòu	rich and generous; abundant
6	书籍	shūjí	books
7	属于	shǔyú	to belong to
8	支配	zhīpèi	to allocate; to budget
9	珍贵	zhēnguì	precious; valuable
10	宁静	níngjìng	peaceful; quiet
11	充实	chōngshí	substantial; enriched
12	夜晚	yèwǎn	night
13	难得	nándé	hard to come by; rare
14	匆匆	cōngcōng	hurriedly

例句

1 我不但可以借给你一张沙发，还可以借给你一床铺盖。

2 我的老师有丰厚的书籍，也有丰富的经验。

3 时间虽然是属于我自己的，可是我没办法支配。

4 这件东西很珍贵，很不容易买到。

5 今天晚上这么宁静，一点儿声音都没有。

6 我应该充实我自己，如果生活很充实，我想我就一定会很快乐。

7 有了孩子以后，就很难得有一个属于自己的夜晚。

8 时间像飞一样匆匆的过去了。

第十三景

生詞

1	實驗室	shíyàn shì	laboratory
2	專題	zhuān tí	special topic
3	取消	qǔxiāo	to cancel; to call off
4	受不了	shòu bu liǎo	cannot bear; be unable to endure
5	犯	fàn	to commit
6	罪	zuì	a crime; an offense
7	挨整	ái zhěng	the target of criticism or attack
8	解除	jiěchú	to relieve; to get rid of
9	痛苦	tòngkǔ	pain; suffering

例句

1 學科學的人得天天在試驗室作試驗。

2 關於中國改革的專題演講取消了，你知道嗎？

3 在中國，知識份子常常挨整、受批評我真受不了。

4 那個人犯了甚麼罪？
他犯的罪很大。他殺了一個人。

5 如果醫生能解除病人所有的痛苦就好了。

第十三景

生词

1	实验室	shíyàn shì	laboratory
2	专题	zhuān tí	special topic
3	取消	qǔxiāo	to cancel; to call off
4	受不了	shòu bu liǎo	cannot bear; be unable to endure
5	犯	fàn	to commit
6	罪	zuì	a crime; an offense
7	挨整	ái zhěng	the target of criticism or attack
8	解除	jiéchú	to relieve; to get rid of
9	痛苦	tòngkǔ	pain; suffering

例句

1 学科学的人得天天在试验室作试验。

2 关于中国改革的专题演讲取消了，你知道吗？

3 在中国，知识份子常常挨整、受批评我真受不了。

4 那个人犯了甚么罪？
他犯的罪很大。他杀了一个人。

5 如果医生能解除病人所有的痛苦就好了。

第十四景

生詞

1	艱難	jiānnán	difficult; hard
2	或許	huòxǔ	perhaps
3	錯誤	cuòwu	wrong; mistakes; erroneous
4	在於	zàiyú	to lie in; to consist of
5	考慮	kǎolǜ	to consider
*6	肩膀	jiānbǎng	shoulder
7	承擔	chéngdān	to bear; to undertake; to assume
8	重擔	zhòngdàn	heavy burden; heavy load
9	背起	bēi qǐ	to carry on the back; to bear
10	沉重	chénzhòng	heavy; serious
*11	十字架	shízijià	cross
12	遠親不如近鄰	yuǎn-qīn-bù-rú jìn-lín	neighbors are better than distant relatives
13	閒人	xián rén	idle person; persons with nothing to do
14	當	dāng	to be in the role of; to serve as
*15	趕明兒	gǎnmíngr	some other day; later; in the future
*16	紮	zā	to braid; to tie
*17	小辮兒	xiǎo biàr	pigtail; braid
18	躺	tǎng	to lie down
19	任務	rènwù	duty, responsibility
*20	串門兒	chuàn mér	to call at somebody's home; to drop in
21	告別	gào bié	to bid farewell; to say goodbye
22	申請	shēnqǐng	to apply for
23	護照	hùzhào	passport
24	批	pī	to ratify; to approve

第十四景

生词

1	艰难	jiānnán	difficult; hard
2	或许	huòxǔ	perhaps
3	错误	cuòwu	wrong; mistakes; erroneous
4	在于	zàiyú	to lie in; to consist of
5	考虑	kǎolǜ	to consider
*6	肩膀	jiānbǎng	shoulder
7	承担	chéngdān	to bear; to undertake; to assume
8	重担	zhòngdàn	heavy burden; heavy load
9	背起	bēi qǐ	to carry on the back; to bear
10	沉重	chénzhòng	heavy; serious
*11	十字架	shízijià	cross
12	远亲不如近邻	yuǎn-qīn-bù-rú jìn-lín	neighbors are better than distant relatives
13	闲人	xián rén	idle person; persons with nothing to do
14	当	dāng	to be in the role of; to serve as
*15	赶明儿	gǎnmíngr	some other day; later; in the future
*16	扎	zā	to braid; to tie
*17	小辫儿	xiǎo biàr	pigtail; braid
18	躺	tǎng	to lie down
19	任务	rènwù	duty, responsibility
*20	串门儿	chuàn mér	to call at somebody's home; to drop in
21	告别	gào bié	to bid farewell; to say goodbye
22	申请	shēnqǐng	to apply for
23	护照	hùzhào	passport
24	批	pī	to ratify; to approve

*25	貴方	guì fāng	your home (an honorific term)
*26	寶地	bǎo dì	your place (an honorific term)
27	擧行	jǔxíng	to hold; to take place
28	宴會	yànhuì	banquet
29	動搖	dòngyáo	to waver; to vacillate
30	電視	diànshì	television
31	預料	yùliào	to predict; to expect
*32	大半輩子	dàbàn bèizi	half a lifetime
*33	骨灰	gǔ huī	ashes of the dead
34	扔進	rēng jìn	to throw into
35	異國他鄉	yì-guó-tā-xiāng	foreign land; strange land
*36	土壤	tǔrǎng	soil
37	罵	mà	to curse
38	中華民族	Zhōnghuá mínzú	a name for the ethnic group that constitutes the Chinese nation
*39	不肖	bù xiāo	unworthy
40	子孫	zǐsūn	descendants
41	遭遇	zāoyù	to meet with; what one had encountered in life
42	好在	hǎozài	fortunately
43	黑暗	hēi'àn	dark; darkness
44	相信	xiāngxìn	to believe
45	中央	zhōngyáng	central authorities
46	基層	jīcéng	basic structure or lowest level of an organization
*47	千山萬水	qiān-shān-wàn-shuǐ	a thousand mountains and rivers; over a great distance
48	照到	zhào dào	to shine upon
49	等不及	děng bùjí	cannot wait

*25	贵方	guì fāng	your home (an honorific term)
*26	宝地	bǎo dì	your place (an honorific term)
27	举行	jǔxíng	to hold; to take place
28	宴会	yànhuì	banquet
29	动摇	dòngyáo	to waver; to vacillate
30	电视	diànshì	television
31	预料	yùliào	to predict; to expect
*32	大半辈子	dàbàn bèizi	half a lifetime
*33	骨灰	gǔ huī	ashes of the dead
34	扔进	rēng jìn	to throw into
35	异国他乡	yì-guó-tā-xiāng	foreign land; strange land
*36	土壤	tǔrǎng	soil
37	骂	mà	to curse
38	中华民族	Zhōnghuá mínzú	a name for the ethnic group that constitutes the Chinese nation
*39	不肖	bù xiāo	unworthy
40	子孙	zǐsūn	descendants
41	遭遇	zāoyù	to meet with; what one had encountered in life
42	好在	hǎozài	fortunately
43	黑暗	hēi'àn	dark; darkness
44	相信	xiāngxìn	to believe
45	中央	zhōngyāng	central authorities
46	基层	jīcéng	basic structure or lowest level of an organization
*47	千山万水	qiān-shān-wàn-shuǐ	a thousand mountains and rivers; over a great distance
48	照到	zhào dào	to shine upon
49	等不及	děng bùjí	cannot wait

50	敬	jìng	to propose a toast; to toast
51	支柱	zhīzhù	mainstay; pillar
*52	新秀	xīnxiù	young gifted people
53	喝醉	hē zuì	drunk
54	誠心誠意地	chéngxīn chéngyìde	earnestly and sincerely
55	爲你	wèi nǐ	for you
56	乾一杯	gān yi bēi	to toast; bottoms up
57	友誼	yǒuyí	friendship (Taiwan also youyi)
58	未來	wèilái	future
*59	身居	shēn jū	to live; to reside
*60	陋室	lòu shì	a crude abode; a humble room
61	任勞任怨	rèn-láo-rèn-yuàn	to do something without complaint despite hardships and criticism
*62	孺子牛	rúzǐniú	(Children's ox) A literary allusion from the poem "Self-Mock," by Lu Xun, in which he wrote, "Fierce-browed, I cooly defy a thousand pointing fingers, Head-bowed, like a willing ox I serve the children." (<u>Lu Xun Quan Ji</u>, Vol. VII, p. 510) In "Talks at the Yenan Forum on Literature and Art," Mao Tse-tung explained: "The 'thousand pointing fingers' are our enemies, and we will never yield to them, no matter how ferocious. The 'children' here symbolize the proletariat and the masses. All Communists, all revolutionaries, all revolutionary literary and art workers should learn from the example of Lu Xun and be 'oxen'

50	敬	jìng	to propose a toast; to toast
51	支柱	zhīzhù	mainstay; pillar
*52	新秀	xīnxiù	young gifted people
53	喝醉	hē zuì	drunk
54	诚心诚意地	chéngxīn chéngyìde	earnestly and sincerely
55	为你	wèi nǐ	for you
56	干一杯	gān yi bēi	to toast; bottoms up
57	友谊	yǒuyí	friendship (Taiwan also youyi)
58	未来	wèilái	future
*59	身居	shēn jū	to live; to reside
*60	陋室	lòu shì	a crude abode; a humble room
61	任劳任怨	rèn-láo-rèn-yuàn	to do something without complaint despite hardships and criticism
*62	孺子牛	rúzǐniú	(Children's ox) A literary allusion from the poem "Self-Mock," by Lu Xun, in which he wrote, "Fierce-browed, I cooly defy a thousand pointing fingers, Head-bowed, like a willing ox I serve the children." (*Lu Xun Quan Ji*, Vol. VII, p. 510) In "Talks at the Yenan Forum on Literature and Art," Mao Tse-tung explained: "The 'thousand pointing fingers' are our enemies, and we will never yield to them, no matter how ferocious. The 'children' here symbolize the proletariat and the masses. All Communists, all revolutionaries, all revolutionary literary and art workers should learn from the example of Lu Xun and be 'oxen'

			for the proletariat and the masses, bending their backs to the task until their dying day (SW, III, p. 96)
63	草	cǎo	grass
*64	擠	jǐ	to squeeze
*65	奶	nǎi	milk
*66	擠奶	jǐ nǎi	to milk a cow
*67	鲁迅	Lǔ Xùn	Lu Hsun, chief commander of China's modern cultural revolution, great thinker, and the founder of modern Chinese literature (1881-1936)
68	偉大	wěidà	great
69	民族	mínzú	a nation; a people
70	自私	zìsī	selfish
71	打入	dǎ rù	to work one's way into
72	廚房	chú fáng	kitchen
73	遭殃	zāoyāng	to suffer
74	稱職	chèn zhí	competent; up to one's task
75	妻子	qīzi	wife
76	却是	quèshì	in fact; the fact is; nevertheless
*77	泡菜	pàocài	pickled vegetables
78	首先	shǒuxiān	at first; the very first
*79	發勳章	fā xūnzhāng	to give a medal of honor or a decoration
80	犠牲	xīshēng	to sacrifice
81	既不... 也不	jìbù... yěbù	neither...nor
82	表揚	biǎoyáng	to praise; to commend
*83	且不説	qiě bù shuō	not to mention; not to talk about
*84	巡迴	xúnhuí	tour; make a circuit of

			for the proletariat and the masses, bending their backs to the task until their dying day (SW, III, p. 96)
63	草	cǎo	grass
*64	挤	jǐ	to squeeze
*65	奶	nǎi	milk
*66	挤奶	jí nǎi	to milk a cow
*67	鲁迅	Lú Xùn	Lu Hsun, chief commander of China's modern cultural revolution, great thinker, and the founder of modern Chinese literature (1881-1936)
68	伟大	wěidà	great
69	民族	mínzú	a nation; a people
70	自私	zìsī	selfish
71	打入	dá rù	to work one's way into
72	厨房	chú fáng	kitchen
73	遭殃	zāoyāng	to suffer
74	称职	chèn zhí	competent; up to one's task
75	妻子	qīzi	wife
76	却是	quèshì	in fact; the fact is; nevertheless
*77	泡菜	pàocài	pickled vegetables
78	首先	shǒuxiān	at first; the very first
*79	发勋章	fā xūnzhāng	to give a medal of honor or a decoration
80	牺牲	xīshēng	to sacrifice
81	既不... 也不	jìbù... yěbù	neither...nor
82	表扬	biǎoyáng	to praise; to commend
*83	且不说	qiě bù shuō	not to mention; not to talk about
*84	巡回	xúnhuí	tour; make a circuit of

*85	抗災救災	kàngzāi jiùzāi	to fight natural calamities
86	精疲力盡	jīngpí-lìjìn	exhausted; worn out
87	尖端技術	jiánduān jìshù	most advanced technology
88	深入	shēnrù	deeply or thoroughly into something; to penetrate
*89	拳打脚踢	quándǎ-jiǎotī	a versatile person; all-rounder; cuff and kick
90	共產主義	gòngchǎn zhǔyì	Communism
91	文化大革命	wénhuà-dà-gémìng	The Great Proletarian Cultural Revolution. According to the Renmin Ribao (People's Daily) "The GPCR is a great political revolution carried out under the conditions of socialism by the proletariat against the bourgeoisie and all other exploiting classes, and it is also a deep-going Party consolidation movement."(RMRB, 73.9.2)
*92	老板	lǎobǎn	boss
*93	保姆	bǎomǔ	a nurse who looks after small children; nanny
94	差不多	chàbuduō	about right; approximately; almost
95	收入	shōurù	income
96	頗	pō	very; quite; fairly (Taiwan also pó)
97	打聽	dǎting	to make inquiries
98	僱	gù	to hire
*99	待聘	dài pìn	to wait for employment
100	廣告	guǎnggào	advertisement
101	擅長	shàncháng	be good at
*102	烹調	pēngtiáo	cooking; cuisine
*103	蒸煮	zhēng zhǔ	steam and boil

*85	抗灾救灾	kàngzāi jiùzāi	to fight natural calamities
86	精疲力尽	jīngpí-lìjìn	exhausted; worn out
87	尖端技术	jiānduān jìshù	most advanced technology
88	深入	shēnrù	deeply or thoroughly into something; to penetrate
*89	拳打脚踢	quándǎ-jiǎotī	a versatile person; all-rounder; cuff and kick
90	共产主义	gòngchǎn zhǔyì	Communism
91	文化大革命	wénhuà-dà-gémìng	The Great Proletarian Cultural Revolution. According to the Renmin Ribao (People's Daily) "The GPCR is a great political revolution carried out under the conditions of socialism by the proletariat against the bourgeoisie and all other exploiting classes, and it is also a deep-going Party consolidation movement."(RMRB, 73.9.2)
*92	老板	lǎobǎn	boss
*93	保姆	bǎomǔ	a nurse who looks after small children; nanny
94	差不多	chàbuduō	about right; approximately; almost
95	收入	shōurù	income
96	颇	pō	very; quite; fairly (Taiwan also pó)
97	打听	dǎting	to make inquiries
98	雇	gù	to hire
*99	待聘	dài pìn	to wait for employment
100	广告	guǎnggào	advertisement
101	擅长	shàncháng	be good at
*102	烹调	pēngtiáo	cooking; cuisine
*103	蒸煮	zhēng zhǔ	steam and boil

104	兼	jiān	to take two or more jobs; to moonlight
*105	粗細	cūxì	heavy or light (of work)
106	雜活兒	záhuór	chores; miscellaneous duties
107	體格健壯	tǐgé jiànzhuàng	of strong physique
108	勤勞	qínláo	diligent; hardworking
109	勇敢	yǒnggǎn	brave; valiant
*110	面議	miàn yì	to take up a matter with somebody personally
111	要求	yāoqiú	to request; to demand
112	此時此刻	cǐshí-cǐkè	this moment; right now
*113	苦澀	kǔsè	bitter and astringent
*114	沖淡	chōng dàn	to play down; to dilute; to weaken;
*115	離愁	líchóu	sadness at separation; parting sorrow or grief
*116	戰線	zhàn xiàn	a battle line; a battle front
117	重點	zhòng diǎn	point of emphasis
118	科研	kē yán	scientific research
119	項目	xiàngmù	projects; items
120	壓在	yā zài	to press on
121	重活兒	zhòng huór	heavy work
122	難活兒	nán huór	difficult work
123	頂着	dǐngzhe	be responsible for; to cope with
124	課程	kèchéng	course; curriculum
125	擔當	dāndāng	to take on; to undertake
126	發議論	fā yìlùn	to make comment; to criticize
*127	陸放翁	Lù Fàng Wēng	Name of Southern Sung period poet, 1125-1210. Alternative name of Lù Yóu.
*128	位卑未敢	wèi-bēi-wèi-gǎn	concerned with the motherland

104	兼	jiān	to take two or more jobs; to moonlight
＊105	粗细	cūxì	heavy or light (of work)
106	杂活儿	záhuór	chores; miscellaneous duties
107	体格健壮	tǐgé jiànzhuàng	of strong physique
108	勤劳	qínláo	diligent; hardworking
109	勇敢	yǒnggǎn	brave; valiant
＊110	面议	miàn yì	to take up a matter with somebody personally
111	要求	yāoqiú	to request; to demand
112	此时此刻	cǐshí-cǐkè	this moment; right now
＊113	苦涩	kǔsè	bitter and astringent
＊114	冲淡	chōng dàn	to play down; to dilute; to weaken;
＊115	离愁	líchóu	sadness at separation; parting sorrow or grief
＊116	战線	zhàn xiàn	a battle line; a battle front
117	重点	zhòng diǎn	point of emphasis
118	科研	kē yán	scientific research
119	项目	xiàngmù	projects; items
120	压在	yā zài	to press on
121	重活儿	zhòng huór	heavy work
122	难活儿	nán huór	difficult work
123	顶着	dǐngzhe	be responsible for; to cope with
124	课程	kèchéng	course; curriculum
125	担当	dāndāng	to take on; to undertake
126	发议论	fā yìlùn	to make comment; to criticize
＊127	陆放翁	Lù Fàng Wēng	Name of Southern Sung period poet, 1125-1210. Alternative name of Lù Yóu.
＊128	位卑未敢	wèi-bēi-wèi-gǎn	concerned with the motherland

忘憂國 wàng-yōu-guó in spite of one's low position

129 忘却 wàngquè to forget

130 社會學 shèhuì xué sociology

131 右派 yòu pài the right wing

132 必然 bìrán inevitable, certain

133 弊病 bìbìng malady; evil

134 加以 jiāyǐ to add; to increase

135 改進 gǎijìn to improve; to make better

136 左派 zuǒ pài the left wing

*137 人到 rén-dào- all is lost when one reaches

中年 zhōngnián middle age; devoid of ability

萬事休 wànshì-xiū after middle age

138 高論 gāo lùn your brilliant idea; your opinion

139 謬論 miù lùn false theory; fallacy

140 不幸 búxìng unfortunately

141 成果 chéngguǒ achievement

142 黃金歲月 huángjīn suìyuè golden years

143 動亂 dòngluàn turmoil; disturbance

144 耽誤 dānwù to delay; to hold up

145 肩負起 jiānfùqǐ to undertake; to take on (a burden or responsibility)

146 四化 sì huà the four modernizations (agriculture, industry, national defence, and science and technology)

147 感到 gǎn dào to feel

148 力不從心 lì-bù-cóng-xīn ability falling short of one's wishes

149 無論 wúlùn no matter what; regardless

150 智力 zhìlì intelligence

151 精力 jīnglì energy; vigor

	忘忧国	wàng-yōu-guó	in spite of one's low position
129	忘却	wàngquè	to forget
130	社会学	shèhuì xué	sociology
131	右派	yòu pài	the right wing
132	必然	bìrán	inevitable, certain
133	弊病	bìbìng	malady; evil
134	加以	jiāyǐ	to add; to increase
135	改进	gǎijìn	to improve; to make better
136	左派	zuó pài	the left wing
*137	人到	rén-dào-	all is lost when one reaches
	中年	zhōngnián	middle age; devoid of ability
	万事休	wànshì-xiū	after middle age
138	高论	gāo lùn	your brilliant idea; your opinion
139	谬论	miù lùn	false theory; fallacy
140	不幸	búxìng	unfortunately
141	成果	chéngguó	achievement
142	黄金岁月	huángjīn suìyuè	golden years
143	动乱	dòngluàn	turmoil; disturbance
144	耽误	dānwù	to delay; to hold up
145	肩负起	jiānfùqǐ	to undertake; to take on (a burden or responsibility)
146	四化	sì huà	the four modernizations (agriculture, industry, national defence, and science and technology)
147	感到	gǎn dào	to feel
148	力不从心	lì-bù-cóng-xīn	ability falling short of one's wishes
149	无论	wúlùn	no matter what; regardless
150	智力	zhìlì	intelligence
151	精力	jīnglì	energy; vigor

152	體力	tǐlì	strength; physical power
＊153	超負荷	cháofùhé	excess load; overload
＊154	運轉	yùnzhuǎn	revolve
155	悲劇	bēijù	tragedy
156	懷才不遇	huái-cái-bú-yù	a scholar with no chance to exert his knowledge
＊157	生不逢時	shēng-bù-féng-shí	born at the wrong time
158	重用	Zhòngyòng	put sb. in an important position
159	反倒	fǎndào	on the contrary
160	叫苦連天	jiào-kǔ-lián-tiān	to complain of hardship or suffering
161	待遇	dàiyù	treatment; wages; renumeration

例句

1 我不怕做艱難的工作，就怕做沒有意思的工作。

2 要是我多考慮一下，也許就不會跟他結婚了。

3 這件事沒有成功是在於事先你考慮得不週到。

4 你承擔不起這麼艱難的工作，不是你的錯誤。

5 你身體不好，怎麼背得起這麼重的東西呢。

6 “遠親不如近鄰”這句話的意思是“鄰居有的時候比親戚還能幫你的忙”

7 他一天到晚沒事做，是個大閒人。

8 當學生的得天天作功課，當老師的得天天改功課。

9 你的任務已經完了，快躺下來休息休息吧。

10 我明天要走了，所以今天特別來跟你們告別。

11 出國以前一定得申請護照．申請以後幾天可以批准？

12 我們爲他舉行了一個告別宴會。

13 我對他的信心動搖了，不再相信他了。

152	体力	tǐlì	strength; physical power
✳153	超负荷	chāofùhé	excess load; overload
✳154	运转	yùnzhuǎn	revolve
155	悲剧	bēijù	tragedy
156	怀才不遇	huái-cái-bú-yù	a scholar with no chance to exert his knowledge
✳157	生不逢时	shēng-bù-féng-shí	born at the wrong time
158	重用	Zhòngyòng	put sb. in an important position
159	反倒	fǎndào	on the contrary
160	叫苦连天	jiào-kǔ-lián-tiān	to complain of hardship or suffering
161	待遇	dàiyù	treatment; wages; renumeration

例句

1 我不怕做艰难的工作，就怕做没有意思的工作。
2 要是我多考虑一下，也许就不会跟他结婚了。
3 这件事没有成功是在于事先你考虑得不周到。
4 你承担不起这么艰难的工作，不是你的错误。
5 你身体不好，怎么背得起这么重的东西呢。
6 “远亲不如近邻”这句话的意思是“邻居有的时候比亲戚还能帮你的忙”
7 他一天到晚没事做，是个大闲人。
8 当学生的得天天作功课，当老师的得天天改功课。
9 你的任务已经完了，快躺下来休息休息吧。
10 我明天要走了，所以今天特别来跟你们告别。
11 出国以前一定得申请护照．申请以后几天可以批准？
12 我们为他举行了一个告别宴会。
13 我对他的信心动摇了，不再相信他了。

14 我預料他現在不會來，因爲他要在家看電視。

15 他把一把刀子扔進河裡了。

16 一個人在異國他鄉很需要朋友。

17 你爲甚麼老罵你的孩子？
因爲他常說罵人的話。

18 中華民族是由漢、滿、蒙、回、藏跟其他五十幾個少數民族組成的。

19 中國人喜歡多子多孫，可是子孫多了麻煩也多了。

20 他剛到異國他鄉，遭遇到很多困難，好在有朋友幫忙。

21 文化大革命可以說是中國的一個黑暗的時代。

22 怎麼樣才能讓中央政府知道基層的意見呢？

23 冬天太陽光照在身上很暖和很舒服。

24 他等不及了，非要馬上結婚不可。

25 我敬你一杯酒。祝你一路順風。

26 中年人是國家的支柱。

27 他剛喝一杯酒就喝醉了。

28 你先生誠心誠意地愛你，我真爲你高興。

29 來，爲中美友誼乾一杯。

30 “未來”就是“將來”的意思。

31 父母總是任勞任怨地爲子女做事。

32 牛吃的是草，給的是奶。

33 孫中山是一個偉大的革命家。

34 自私的人只想到自己的利益，不想到別人的利益。

35 女人想打入社會作事，很不容易。

36 要是有一個不稱職的母親，孩子就遭殃了。

37 中國大陸把“妻子”“丈夫”都叫“愛人”。

38 他雖然是一個不稱職的丈夫，却是一個很好的大夫。

39 如果你想要作一個稱職的太太，首先得犧牲你自己的工作。

40 你這麼做既不能幫助你自己也不能幫助別人。

41 我們應該表揚不自私的人。

14 我预料他现在不会来，因为他要在家看电视。

15 他把一把刀子扔进河里了。

16 一个人在异国他乡很需要朋友。

17 你为甚么老骂你的孩子？

因为他常说骂人的话。

18 中华民族是由汉、满、蒙、回、藏跟其他五十几个少数民族组成的。

19 中国人喜欢多子多孙，可是子孙多了麻烦也多了。

20 他刚到异国他乡，遭遇到很多困难，好在有朋友帮忙。

21 文化大革命可以说是中国的一个黑暗的时代。

22 怎么样才能让中央政府知道基层的意见呢？

23 冬天太阳光照在身上很暖和很舒服。

24 他等不及了，非要马上结婚不可。

25 我敬你一杯酒。祝你一路顺风。

26 中年人是国家的支柱。

27 他刚喝一杯酒就喝醉了。

28 你先生诚心诚意地爱你，我真为你高兴。

29 来，为中美友谊干一杯。

30 “未来”就是“将来”的意思。

31 父母总是任劳任怨地为子女做事。

32 牛吃的是草，给的是奶。

33 孙中山是一个伟大的革命家。

34 自私的人只想到自己的利益，不想到别人的利益。

35 女人想打入社会作事，很不容易。

36 要是有一个不称职的母亲，孩子就遭殃了。

37 中国大陆把“妻子”“丈夫”都叫“爱人”。

38 他虽然是一个不称职的丈夫，却是一个很好的大夫。

39 如果你想要作一个称职的太太，首先得牺牲你自己的工作。

40 你这么做既不能帮助你自己也不能帮助别人。

41 我们应该表扬不自私的人。

42 他在醫院作了一天的事，回家已經是精疲力盡了，那還有力氣做飯。
43 中國要跟美國學習尖端技術。
44 我雖然在美國住了很久，可是還不能深入美國的社會。
45 你相信共產主義可以解決中國的問題嗎？
46 文化大革命的時候，有很多知識份子遭殃了。
47 我們兩個人的收入差不多一樣。
48 “頗高”就是“相當高”的意思。
49 請您給我打聽打聽甚麼地方要僱保姆。
50 如果你要找事，最好多看看報上的廣告。
51 他擅常說話，你呢？
52 你一個人兼三個工作，不累嗎？
53 我在那兒的工作是做飯兼做雜活兒。
54 他不但體格健壯，而且很勤勞，甚麼事都能做。
55 我兒子小時候就很勇敢，甚麼都不怕。
56 你有甚麼要求就直接說吧，別不好意思。
57 “此時此刻”就是“現在”、“目前”的意思。
58 在中國大城市裡有“重點”學校。重點學校的水平比較高。
59 中國要想進步一定得抓緊科研。
60 請你把要研究的項目，一項一項寫出來。
61 他把一塊石頭壓在紙上。
62 所有的重活兒雜活兒我都可以頂着，你不必擔心。
63 這個學校的課程都很有意思。
64 你做錯了事不能讓別人擔當。
65 他只會發議論不會作事。
66 “忘却”是“忘記”的意思。
67 他是研究社會學的，所以對社會問題很有興趣。
68 他從前是右派，現在又是左派了。
69 人，有生就有死，這是必然的現象。
70 如果我們發現社會有弊病，就應該加以改正。

42 他在医院作了一天的事，回家已经是精疲力尽了，那还有力气做饭。

43 中国要跟美国学习尖端技术。

44 我虽然在美国住了很久，可是还不能深入美国的社会。

45 你相信共产主义可以解决中国的问题吗？

46 文化大革命的时候，有很多知识份子遭殃了。

47 我们两个人的收入差不多一样。

48 “颇高”就是“相当高”的意思。

49 请您给我打听打听甚么地方要雇保姆。

50 如果你要找事，最好多看看报上的广告。

51 他擅常说话，你呢？

52 你一个人兼三个工作，不累吗？

53 我在那儿的工作是做饭兼做杂活儿。

54 他不但体格健壮，而且很勤劳，甚么事都能做。

55 我儿子小时候就很勇敢，甚么都不怕。

56 你有甚么要求就直接说吧，别不好意思。

57 “此时此刻”就是“现在”、“目前”的意思。

58 在中国大城市里有“重点”学校。重点学校的水平比较高。

59 中国要想进步一定得抓紧科研。

60 请你把要研究的项目，一项一项写出来。

61 他把一块石头压在纸上。

62 所有的重活儿难活儿我都可以顶着，你不必担心。

63 这个学校的课程都很有意思。

64 你做错了事不能让别人担当。

65 他只会发议论不会作事。

66 “忘却”是“忘记”的意思。

67 他是研究社会学的，所以对社会问题很有兴趣。

68 他从前是右派，现在又是左派了。

69 人，有生就有死，这是必然的现象。

70 如果我们发现社会有弊病，就应该加以改正。

71 社會改進了，人民的生活才能改進。

72 你的高論我們已經聽過好多次了，沒甚麼興趣了。

73 他説的簡直是謬論不值得討論。

74 那個科學家研究出來的成果，不幸被別人偷走了。

75 求學的時期是一個人的黃金時代。

76 我是在動亂時期長大的，耽誤了不少寶貴的時間。

77 中年人應該肩負起國家的重要任務。

78 "四化"就是"四個現代化。"

79 我想做的事太多，可是能力不够，常感到力不從心。

80 無論你的智力有多高，如果精力、體力不够也不會有甚麼結果。

81 你喜歡看喜劇還是悲劇？

悲劇太難過，我喜歡看喜劇。

82 "懷才不遇"的意思是一個人雖然很有才能，可是沒有人重用他。

83 "叫苦連天" 是"一天到晚説生活很苦"的意思。

84 在美國，教員的待遇高不高？

第十五景

生詞

1	拖垮	tuō kuǎ	to wear (oneself) down
2	怪	guài	to blame
3	業務	yèwù	vocational work; professional work
4	心思	xīnsī	mind; thought; mood
5	傻話	shǎhuà	nonsense; rubbish;
6	堅強	jiānqiáng	strong; firm
7	疲勞	píláo	tired; fatigued; weary, exhausted
8	金屬	jīnshǔ	metal
*9	顯微	xiǎnwēi	microscopic [Taiwan (also) Xian wei]

71 社会改进了，人民的生活才能改进。

72 你的高论我们已经听过好多次了，没甚么兴趣了。

73 他说的简直是谬论不值得讨论。

74 那个科学家研究出来的成果，不幸被别人偷走了。

75 求学的时期是一个人的黄金时代。

76 我是在动乱时期长大的，耽误了不少宝贵的时间。

77 中年人应该肩负起国家的重要任务。

78 "四化"就是"四个现代化。"

79 我想做的事太多，可是能力不够，常感到力不从心。

80 无论你的智力有多高，如果精力、体力不够也不会有甚么结果。

81 你喜欢看喜剧还是悲剧？
悲剧太难过，我喜欢看喜剧。

82 "怀才不遇"的意思是一个人虽然很有才能，可是没有人重用他。

83 "叫苦连天" 是"一天到晚说生活很苦"的意思。

84 在美国，教员的待遇高不高？

第十五景

生词

1	拖垮	tuō kuǎ	to wear (oneself) down
2	怪	guài	to blame
3	业务	yèwù	vocational work; professional work
4	心思	xīnsī	mind; thought; mood
5	傻话	shǎhuà	nonsense; rubbish;
6	坚强	jiānqiáng	strong; firm
7	疲劳	píláo	tired; fatigued; weary, exhausted
8	金属	jīnshǔ	metal
*9	显微	xiǎnwēi	microscopic [Taiwan (also) Xian wei]

*10	裂紋	lièwén	cracks
11	逐步	zhúbù	step by step; progressively
12	擴展	kuòzhǎn	to expand; to extend
*13	斷裂	duànliè	to split; to crack

例句

1 陸文婷的身體是工作太多給拖垮的。
2 你的業務作不好，別怪別人應該怪你自己。
3 她的心思都在業務上，那有心思管家裡的事。
4 他說的話都是廢話，一點兒用也沒有。
5 你是一個很堅強的女人，你一定會成功的。
6 我昨天沒睡好，所以今天很疲勞。
7 金、銀、銅、鐵都是金屬嗎？
8 這個問題不是一下就能辦好的，需要逐步解決。
9 日本老想擴展她的勢力。

第十六景

生詞

*1	心電圖	xīndiàntú	electrocardiogram
*2	橘子	júzi	oranges
3	戰友	zhàn yǒu	comrade-in-arms
4	嚐	cháng	to try; to taste
*5	人工晶體	rēngōng-jīngtǐ	artificial crystal
*6	配	pèi	to make up a prescription
*7	凸透鏡	tūtòu jìng	convex lens (Taiwan tútòujìng)
8	階段	jīeduàn	stage; phase

*10	裂纹	lièwén	cracks
11	逐步	zhúbù	step by step; progressively
12	扩展	kuòzhǎn	to expand; to extend
*13	断裂	duànliè	to split; to crack

例句

1 陆文婷的身体是工作太多给拖垮的。
2 你的业务作不好，别怪别人应该怪你自己。
3 她的心思都在业务上，那有心思管家里的事。
4 他说的话都是废话，一点儿用也没有。
5 你是一个很坚强的女人，你一定会成功的。
6 我昨天没睡好，所以今天很疲劳。
7 金、银、铜、铁都是金属吗？
8 这个问题不是一下就能办好的，需要逐步解决。
9 日本老想扩展她的势力。

第十六景

生词

*1	心电图	xīndiàntú	electrocardiogram
*2	橘子	júzi	oranges
3	战友	zhàn yǒu	comrade-in-arms
4	尝	cháng	to try; to taste
*5	人工晶体	réngōng-jīngtǐ	artificial crystal
*6	配	pèi	to make up a prescription
*7	凸透镜	tūtòu jìng	convex lens (Taiwan tútòujìng)
8	阶段	jiēduàn	stage; phase

＊9	興師動眾	xīng-shī-dòng-zhòng	make a fuss about it and drag in many people (to do something); mobilize troops and stir up the people
＊10	胸部	xiōngbù	chest
11	正常	zhèngcháng	normal
＊12	偏高	piāngāo	on the high side; a bit too high
13	妨礙	fáng'ài	to hinder; to hamper; to obstruct
＊14	掉以輕心	diào-yǐ-qīng-xīn	to treat something lightly; to lower one's guard
＊15	眼珠	yǎnzhū	eyeball
16	抽煙	chōu yān	to smoke (a cigarette)
17	立即	lìjì	immediately
18	縫上	féngshàng	to sew up
19	打開	dǎkāi	to open up
20	叛徒	pàntú	traitor
21	失明	shīmíng	to lose one's sight; to go blind

例句

1 他們是第二次世界大戰的戰友。
2 這個橘子很好吃，你嚐嚐。
3 中文電腦正在發展的階段。
4 醫生給他檢查過了，説他身體很正常。
5 抽煙、喝酒對身體有沒有妨礙？
6 開刀以後，大夫立即把傷口縫上了。
7 他把門打開一看，有三個叛徒在那兒。
8 “失明”是“眼睛看不見了”的意思。

第十七景

＊9	兴师动众	xīng-shī-dòng-zhòng	make a fuss about it and drag in many people (to do something); mobilize troops and stir up the people
＊10	胸部	xiōngbù	chest
11	正常	zhèngcháng	normal
＊12	偏高	piāngāo	on the high side; a bit too high
13	妨碍	fáng'ài	to hinder; to hamper; to obstruct
＊14	掉以轻心	diào-yǐ-qīng-xīn	to treat something lightly; to lower one's guard
＊15	眼珠	yǎnzhū	eyeball
16	抽烟	chōu yān	to smoke (a cigarette)
17	立即	lìjì	immediately
18	缝上	féngshàng	to sew up
19	打开	dǎkāi	to open up
20	叛徒	pàntú	traitor
21	失明	shīmíng	to lose one's sight; to go blind

例句

1 他们是第二次世界大战的战友。
2 这个橘子很好吃，你尝尝。
3 中文电脑正在发展的阶段。
4 医生给他检查过了，说他身体很正常。
5 抽烟、喝酒对身体有没有妨碍？
6 开刀以后，大夫立即把伤口缝上了。
7 他把门打开一看，有三个叛徒在那儿。
8 “失明”是“眼睛看不见了”的意思。

第十七景

生詞

1	大字報	dàzì bào	big-character poster (one of the "big four": speaking out freely, airing views fully, holding great debates and writing big-character posters). Big-character posters were a new way for fostering democracy developed during the rectification campaign from 1957 to 1958. They were extremely useful and could easily be mastered by the masses. They included struggles against the enemy, exposing contradictions among the people, commendations of advanced persons, criticism and self-critism, rational proposals, letters of resolution, breast-cleaning letters, etc. Big-character posters are written with Chinese brushes and pasted on the wall. Chinese brushes are used because they produce bigger characters. The hope is that more people will be attracted to read the posters since they are pasted high on the wall.
*2	整瞎	zhěng xiā	to make somebody blind
*3	禍及於你	huò-jí-yú-nǐ	to bring the misfortune on you

例句

1 “大字報”是中國共產黨提倡的“四大”之一。四大是：大鳴，大放，

生词

1	大字报	dàzì bào	big-character poster (one of the "big four": speaking out freely, airing views fully, holding great debates and writing big-character posters). Big-character posters were a new way for fostering democracy developed during the rectification campaign from 1957 to 1958. They were extremely useful and could easily be mastered by the masses. They included struggles against the enemy, exposing contradictions among the people, commendations of advanced persons, criticism and self-critism, rational proposals, letters of resolution, breast-cleaning letters, etc. Big-character posters are written with Chinese brushes and pasted on the wall. Chinese brushes are used because they produce bigger characters. The hope is that more people will be attracted to read the posters since they are pasted high on the wall.
＊2	整瞎	zhěng xiā	to make somebody blind
＊3	祸及于你	huò-jí-yú-nǐ	to bring the misfortune on you

例句

1 “大字报”是中国共产党提倡的“四大”之一。四大是：大鸣，大放，大辯論跟大字報。

第十八景

生詞

1	佩服	pèifu	to admire; to respect
2	救人	jiù rén	to rescue/save people
＊3	病歷	bìnglì	medical record
4	見怪	jiànguài	to mind; to take offense
5	信任	xìnrèn	to trust; to have confidence in
6	辜負	gūfù	to let down; to fail to live up to; to disappoint
7	領導上	lǐngdǎoshang	leader [Taiwan (also) lingdao]
8	期望	qīwàng	expectations; to hope
9	入黨	rù dǎng	to join or to be admitted to the (Chinese Communist) party
10	爭取	zhēngqǔ	to strive for; to fight for
11	出身	chūshēn	family background; class origin
12	選擇	xuǎnzé	to choose; to select
13	歷來	lìlái	always (in the past); all through the ages
＊14	成份論	chéngfèn lùn	the theory of class origin
＊15	唯成份論	wéichéngfèn lùn	the theory of the uinque importance of class origin
16	重在	zhòngzài	emphasis on
17	政治表現	zhèngzhì biǎoxiàn	political behavior or record
18	劃清界限	huàqīng-jièxiàn	to draw a clear-cut line of demarcation

大辩论跟大字报。

第十八景

生词

1	佩服	pèifu	to admire; to respect
2	救人	jiù rén	to rescue/save people
＊3	病历	bìnglì	medical record
4	见怪	jiànguài	to mind; to take offense
5	信任	xìnrèn	to trust; to have confidence in
6	辜负	gūfù	to let down; to fail to live up to; to disappoint
7	领导上	lǐngdǎoshang	leader [Taiwan (also) lingdao]
8	期望	qīwàng	expectations; to hope
9	入党	rù dǎng	to join or to be admitted to the (Chinese Communist) party
10	争取	zhēngqǔ	to strive for; to fight for
11	出身	chūshēn	family background; class origin
12	选择	xuǎnzé	to choose; to select
13	历来	lìlái	always (in the past); all through the ages
＊14	成份论	chéngfèn lùn	the theory of class origin
＊15	唯成份论	wéichéngfèn lùn	the theory of the uinque importance of class origin
16	重在	zhòngzài	emphasis on
17	政治表现	zhèngzhì biǎoxiàn	political behavior or record
18	划清界限	huàqīng-jièxiàn	to draw a clear-cut line of demarcation

between (During the agrarian reform movement, the Chinese authorities stress that cadres must draw a clear line of demarcation between the enemy and themselves, that they must not forfeit their standpoint, instigate or participate in sectarian dispute in the countryside.)

19	貢獻	gòngxiàn	to contribute; contribution; to devote
＊20	敞開	chǎngkāi	to open wide; unblocked
21	情況	qíngkuàng	circumstances

例句

1 他那個時候誰都不佩服，就佩服毛澤東主席。
現在呢？

2 醫生的任務是救人。

3 我說錯了話請你別見怪、別生氣。

4 你不信任我，我怎麼能給你治病？

5 領導上對我們的期望很高，我們得好好地做不能辜負他們的期望。

6 我入黨以後一定要作一個好黨員，爭取領導的信任。

7 你的出身不好，出生在地主的家庭。你不能入黨。
那不是我的錯兒。我沒有辦法選擇我的出身啊。

8 陸文婷歷來都很負責任。

9 你是不是好黨員重在你的政治表現。

10 領導一定要他跟他的愛人劃清界限。他只好這麼做了。

11 中國的中年人對國家有很多的貢獻。

12 “六四”以後，中國的情況怎麼樣？

			between (During the agrarian reform movement, the Chinese authorities stress that cadres must draw a clear line of demarcation between the enemy and themselves, that they must not forfeit their standpoint, instigate or participate in sectarian dispute in the countryside.)
19	贡献	gòngxiàn	to contribute; contribution; to devote
＊20	敞开	chǎngkāi	to open wide; unblocked
21	情况	qíngkuàng	circumstances

例句

1 他那个时候谁都不佩服，就佩服毛泽东主席。
现在呢？
2 医生的任务是救人。
3 我说错了话请你别见怪、别生气。
4 你不信任我，我怎么能给你治病？
5 领导上对我们的期望很高，我们得好好地做不能辜负他们的期望。
6 我入党以后一定要作一个好党员，争取领导的信任。
7 你的出身不好，出生在地主的家庭。你不能入党。
那不是我的错儿。我没有办法选择我的出身啊。
8 陆文婷历来都很负责任。
9 你是不是好党员重在你的政治表现。
10 领导一定要他跟他的爱人划清界限。他只好这么做了。
11 中国的中年人对国家有很多的贡献。
12 “六四”以后，中国的情况怎么样？

第十九景

生詞

＊1	繡	xiù	to embroider
＊2	睡像	shuìxiàng	sleeping posture
3	調皮	tiáopí	naughty
＊4	平方米	píngfāng mǐ	square meter
5	儘管	jǐnguǎn	as much as possible
＊6	魂	hún	soul; spirit
7	製造	zhìzào	to create; to fabricate
8	緊張	jǐnzhāng	tense; nervous; in short supply; light
9	空氣	kōngqì	air; atmosphere

例句

1 那個孩子雖然很調皮，可是很可愛。

2 你有甚麼問題儘管問我，別客氣。

3 這個飛機是哪國製造的？

4 他一考試就緊張，一緊張就考不好。

5 “緊張”在中國大陸的另外一個意思是某種東西很少，不容易買到。比方說，夏天啤酒很緊張，哪兒都買不到。

6 鄉下的空氣比城裡的新鮮多了。

7 今天開會的時候，會場上的空氣很緊張。

第十九景

生词

*1	绣	xiù	to embroider
*2	睡像	shuìxiàng	sleeping posture
3	调皮	tiáopí	naughty
*4	平方米	pīngfāng mǐ	square meter
5	尽管	jǐnguǎn	as much as possible
*6	魂	hún	soul; spirit
7	制造	zhìzào	to create; to fabricate
8	紧张	jǐnzhāng	tense; nervous; in short supply; light
9	空气	kōngqì	air; atmosphere

例句

1 那个孩子虽然很调皮，可是很可爱。

2 你有甚么问题尽管问我，别客气。

3 这个飞机是哪国制造的？

4 他一考试就紧张，一紧张就考不好。

5 “紧张”在中国大陆的另外一个意思是某种东西很少，不容易买到。
比方说，夏天啤酒很紧张，哪儿都买不到。

6 乡下的空气比城里的新鲜多了。

7 今天开会的时候，会场上的空气很紧张。

第二十景

生詞

1	半睡眠狀態	bàn shuìmián zhuàngtài	half asleep
2	損失	sǔnshī	lose
3	補回來	bǔ huílái	to make up for; to compensate
4	閉上	bìshang	to close
5	説着玩兒的	shuōzhewánr-de	to say something without seriously meaning it; to joke
6	有所作爲	yǒusuǒ zuòwéi	to be able to accomplish something; to have accomplished something
7	拖累	tuōlěi	to burden with; be a burden on; encumber
8	離婚	líhùn	divorce
9	一大堆	yí dà duī	a big pile
10	照樣	zhàoyàng	as before; as usual
*11	地球	dìqiú	the earth; the globe
*12	轉	zhuǎn	to turn
13	餓肚子	è dùzi	to go hungry
14	受委屈	shòu wěiqū	to suffer grievance or great inconvenience
15	戰爭	zhànzhēng	war
16	老一輩	lǎo yíbèi	one's elders; old folks

例句

第二十景

生词

1	半睡眠状态	bàn shuìmián zhuàngtài	half asleep
2	损失	sǔnshī	lose
3	补回来	bǔ huílái	to make up for; to compensate
4	闭上	bìshang	to close
5	说着玩儿的	shuōzhewánrde	to say something without seriously meaning it; to joke
6	有所作为	yóusuǒ zuòwéi	to be able to accomplish something; to have accomplished something
7	拖累	tuōlěi	to burden with; be a burden on; encumber
8	离婚	líhūn	divorce
9	一大堆	yí dà duī	a big pile
10	照样	zhàoyàng	as before; as usual
＊11	地球	dìqiú	the earth; the globe
＊12	转	zhuǎn	to turn
13	饿肚子	è dùzi	to go hungry
14	受委屈	shòu wěiqū	to suffer grievance or great inconvenience
15	战争	zhànzhēng	war
16	老一辈	lǎo yíbèi	one's elders; old folks

例句

1 他已經是半睡眠狀態，快睡着了，你說甚麼他也聽不見了。
2 中日戰爭的時候，中國受了很大的損失。這些損失是無法補回來的。
3 請你閉上眼睛，閉上嘴休息吧。
4 我要跟你離婚。我說的是真話，不是說着玩兒的。
5 你這麼聰明，好好幹，將來一定會有所作爲的。
6 我有一大堆的衣服要洗。
7 他雖然病了，還照樣去工作。
8 沒有錢買東西吃，只好餓肚子了。
9 老一輩的人不願意讓下一輩的人受委屈。

第二十一景

生詞

*1	角膜	jiǎomó	cornea
2	頂下來	dǐngxiàlai	to bear; to hold out
3	及時	jíshí	in time; timely

例句

1 "頂下來"是"能支持下來、能繼續往下做"的意思。
2 幸好大夫即時趕來了，要不然他就會死了。

第二十二景

生詞

1	感覺	gǎnjué	feeling; to feel
2	語調	yǔ diào	tone of voice; manner of speaking

1 他已经是半睡眠状态，快睡着了，你说甚么他也听不见了。

2 中日战争的时候，中国受了很大的损失。这些损失是无法补回来的。

3 请你闭上眼睛，闭上嘴休息吧。

4 我要跟你离婚。我说的是真话，不是说着玩儿的。

5 你这么聪明，好好干，将来一定会有所作为的。

6 我有一大堆的衣服要洗。

7 他虽然病了，还照样去工作。

8 没有钱买东西吃，只好饿肚子了。

9 老一辈的人不愿意让下一辈的人受委屈。

第二十一景

生词

*1	角膜	jiǎomó	cornea
2	顶下来	dǐngxiàlai	to bear; to hold out
3	及时	jíshí	in time; timely

例句

1 “顶下来”是“能支持下来、能继续往下做”的意思。

2 幸好大夫即时赶来了，要不然他就会死了。

第二十二景

生词

1	感觉	gǎnjué	feeling; to feel
2	语调	yǔ diào	tone of voice; manner of speaking

3	太巧了	tài qiáole	what a coincidence
4	針	zhēn	needle
*5	呵氣	hē qì	to breathe out

例句

1 你的腿有沒有感覺？
2 我今天特別感覺累。
3 學說外國話的時候，應該特別注意語調。
4 我正要找你，你來了，太巧了。
5 陸文婷說，那個針已經用過了，不能再用了。

第二十三景

生詞

1	真靈	zhēn líng	well-informed; having quick access to information; really effective; really work
2	特許	tèxú	special permission
3	額外	éwài	extra; additional
4	添	tiān	to add
*5	拆線	chāi xiàn	to take out stitches
6	參觀	cānguán	to observe; to watch; to visit; to look around
7	濕透了	shītòule	wet through; drenched
8	出汗	chūhàn	sweat
9	暈	yūn	dizzy
*10	角膜材料	jiáomó cáiliào	cornea (material)
*11	不能擱	bùnéng gé	cannot keep

3	太巧了	tài qiǎole	what a coincidence
4	针	zhēn	needle
＊5	呵气	hē qì	to breathe out

例句

1 你的腿有没有感觉？

2 我今天特别感觉累。

3 学说外国话的时候，应该特别注意语调。

4 我正要找你，你来了，太巧了。

5 陆文婷说，那个针已经用过了，不能再用了。

第二十三景

生词

1	真灵	zhēn líng	well-informed; having quick access to information; really effective; really work
2	特许	tèxǔ	special permission
3	额外	éwài	extra; additional
4	添	tiān	to add
＊5	拆線	chāi xiàn	to take out stitches
6	参观	cānguān	to observe; to watch; to visit; to look around
7	湿透了	shītòule	wet through; drenched
8	出汗	chūhàn	sweat
9	晕	yūn	dizzy
＊10	角膜材料	jiǎomó cáiliào	cornea (material)
＊11	不能搁	bùnéng gē	cannot keep

例句

1 你們的消息可真靈。你們怎麼知道我要出國？
2 這種藥可真靈，一吃病就好了。
3 你能出國是領導特許的，知道嗎？
4 最近不但讓你額外多做了事，而且還給你添了很多麻煩，真是過意不去。
5 他出汗出得太多了，衣服都濕透了。

第二十四景

生詞

＊1	姑娘	gūniang	girl, young lady
＊2	挨	ái	to suffer; to get (Taiwan (also) āi)
3	是好是歹	shìhǎo-shìdǎi	good or bad
4	入鄉隨俗	rù-xiāng-suí-sú	when entering a country, comply with local conventions; "When in Rome do as the Romans do"
5	守	shǒu	to observe; to follow
6	規矩	guīju	rules; regulations
＊7	爹	diē	father (Northern term)
＊8	窩窩囊囊	wōwō-nángnáng	cowardly good-for-nothing; spineless
＊9	入了土	rùle tǔ	to be buried
＊10	見得亮	jiàndeliàng	able to see (the light)
＊11	世道	shìdào	world
12	社會主義	shèhuìzhǔyì	socialism
＊13	消了毒	xiāoledú	sterialized
14	髒	zāng	dirty; filthy

例句

1 你们的消息可真灵。你们怎么知道我要出国？

2 这种药可真灵，一吃病就好了。

3 你能出国是领导特许的，知道吗？

4 最近不但让你额外多做了事，而且还给你添了很多麻烦，真是过意不去。

5 他出汗出得太多了，衣服都湿透了。

第二十四景

生词

＊1	姑娘	gūniang	girl, young lady
＊2	挨	ái	to suffer; to get (Taiwan (also) āi)
3	是好是歹	shìhǎo-shìdǎi	good or bad
4	入乡随俗	rù-xiāng-suí-sú	when entering a country, comply with local conventions; "When in Rome do as the Romans do"
5	守	shǒu	to observe; to follow
6	规矩	guīju	rules; regulations
＊7	爹	diē	father (Northern term)
＊8	窝窝囊囊	wōwō-nángnáng	cowardly good-for-nothing; spineless
＊9	入了土	rùle tǔ	to be buried
＊10	见得亮	jiàndeliàng	able to see (the light)
＊11	世道	shìdào	world
12	社会主义	shèhuìzhǔyì	socialism
＊13	消了毒	xiāoledú	sterialized
14	脏	zāng	dirty; filthy

15	綑	kǔn	to tie up
*16	呆不住	dāi bú zhù	unable to stay still
*17	生就	shēngjiù	to be born with
*18	兔子	tùzi	hare; rabbit
19	脾氣	píqi	temperament; disposition
*20	滿世亂蹦	mǎnshì luànbèng	to bounce all over the place; vivacious
*21	透着	tòuzhe	thoroughly
*22	好使	hǎo shǐ	convenient to use
23	拿 A 當 B	ná A dāng B	take A as B
*24	一層膜	yì céng mó	a layer of membrane
*25	一碼事	yìmǎ shì	the same thing
26	多高	duó gāo	how great; how tall
27	手藝	shǒuyì	craftsmanship; skill
*28	遇了仙	yùle xiān	to run into a celestial being
29	能耐	nengnài	ability; capabilty
*30	邁	mài	to step over; to step across
*31	門坎兒	ménkǎnr	threshold
*32	動刀動剪	dòng dāo dòng jián	to perform an operation with scalpel and scissers

例句

1 "是好是歹"是"是好或是不好"的意思。

2 "入鄉隨俗"的意思是"到一個地方就應該隨着那個地方的風俗習慣。"

3 在醫院裡應該守醫院的規矩，不能隨便亂走。

4 你說是社會主義好，還是資本主義好？

5 這個地方真髒，我們來打掃打掃。

15	捆	kǔn	to tie up
＊16	呆不住	dāi bú zhù	unable to stay still
＊17	生就	shēngjiù	to be born with
＊18	兔子	tùzi	hare; rabbit
19	脾气	píqi	temperament; disposition
＊20	满世乱蹦	mǎnshì luànbèng	to bounce all over the place; vivacious
＊21	透着	tòuzhe	thoroughly
＊22	好使	hǎo shǐ	convenient to use
23	拿 A 当 B	ná A dàng B	take A as B
＊24	一层膜	yì céng mó	a layer of membrane
＊25	一码事	yìmǎ shì	the same thing
26	多高	duó gāo	how great; how tall
27	手艺	shǒuyì	craftsmanship; skill
＊28	遇了仙	yùle xiān	to run into a celestial being
29	能耐	néngnài	ability; capabilty
＊30	迈	mài	to step over; to step across
＊31	门坎儿	ménkǎnr	threshold
＊32	动刀动剪	dòng dāo dòng jiǎn	to perform an operation with scalpel and scissers

例句

1 “是好是歹”是“是好或是不好”的意思。

2 “入乡随俗”的意思是“到一个地方就应该随着那个地方的风俗习惯。”

3 在医院里应该守医院的规矩，不能随便乱走。

4 你说是社会主义好，还是资本主义好？

5 这个地方真脏，我们来打扫打扫。

6 你把他綑起來，他就動不了了。

7 那個人的脾氣真不好，常常生氣，發脾氣。

8 你知道他的手藝有多高嗎？

我不知道。你說說。

他能把死人治活。

我才不相信呢。

9 "能耐"是"能力，本事"的意思。

我看你有多大的能耐？

第二十五景

生詞

1	受累	shòulèi	to be put to much trouble
2	腿	tuǐ	legs
3	麻	má	tingle; numb
*4	師傅	shīfu	master worker; (polite term in PRC used by intellectuals when addressing drivers, cooks, gatekeepers, etc.)

例句

1 今天你替我做飯、洗衣服、看孩子、真讓您受累了。

2 我的腿麻了，不能走路了。

第二十七景

生詞

6 你把他捆起来，他就动不了了。

7 那个人的脾气真不好，常常生气，发脾气。

8 你知道他的手艺有多高吗？

我不知道。你说说。

他能把死人治活。

我才不相信呢。

9 “能耐”是“能力，本事”的意思。

我看你有多大的能耐？

第二十五景

生词

1	受累	shòulèi	to be put to much trouble
2	腿	tuǐ	legs
3	麻	má	tingle; numb
*4	师傅	shīfu	master worker; (polite term in PRC used by intellectuals when addressing drivers, cooks, gatekeepers, etc.)

例句

1 今天你替我做饭、洗衣服、看孩子、真让您受累了。

2 我的腿麻了，不能走路了。

第二十七景

生词

1	總機	zǒng jī	switchboard
2	接	jiē	to connect
＊3	批條子	pī tiáozi	written permission
4	派車	pài chē	to send a car
＊5	政治處	zhèngzhì chù	the political department
＊6	行政處	xíngzhèng chù	administration department
7	聯繫	liánxì	to contact; connection
8	搶救	qiǎngjiù	to rescue; to salvage

例句

1 師傅，請問，到北京大學怎麼走？

2 請問，北京大學的總機是幾號？中文系是幾號分機？
總機是235-3020。中文系的分機是2189。

3 我已經跟醫院聯繫好了。他們馬上派車來搶救。

第二十八景

生詞

1	歇	xiē	to rest
2	悲傷	bēishāng	sad; sorrowful
3	勞累	láolèi	tired; run-down
4	煩惱	fánnǎo	vexed; worried
5	永別	yǒng bié	final farewell; to part, never to meet again
6	懺悔	chànhuǐ	to repent; penitent
＊7	跪	guì	to kneel
8	原諒	yuánliàng	to forgive; to pardon; to excuse

1	总机	zǒng jī	switchboard
2	接	jiē	to connect
*3	批条子	pī tiáozi	written permission
4	派车	pài chē	to send a car
*5	政治处	zhèngzhì chù	the political department
*6	行政处	xíngzhèng chù	administration department
7	联系	liánxì	to contact; connection
8	抢救	qiǎngjiù	to rescue; to salvage

例句

1 师傅，请问，到北京大学怎么走？

2 请问，北京大学的总机是几号？中文系是几号分机？
总机是235-3020。中文系的分机是2189。

3 我已经跟医院联系好了。他们马上派车来抢救。

第二十八景

生词

1	歇	xiē	to rest
2	悲伤	bēishāng	sad; sorrowful
3	劳累	láolèi	tired; run-down
4	烦恼	fánnǎo	vexed; worried
5	永别	yǒng bié	final farewell; to part, never to meet again
6	忏悔	chànhuǐ	to repent; penitent
*7	跪	guì	to kneel
8	原谅	yuánliàng	to forgive; to pardon; to excuse

9	報答	bàodá	to repay; to pay a debt of gratitude
✳10	無微不至	wú-wēi-bú-zhì	very thoughtful; to take very good care of sb. [Taiwan (also) -wei..]
11	關懷	guānhuái	to show loving care for
12	體貼	tǐtiē	to show consideration for
✳13	稍些	shāoxiē	a bit; a little
14	按時	àn shí	on time
15	現成	xiànchéng	ready; at hand; ready-made
✳16	三屜桌	sānti zhuō	desk with three drawers
17	創造	chuàngzào	to create; to produce
18	條件	tiáojiàn	condition
19	遺憾	yíhàn	regret; pity
20	給予	jǐyú	to give; to render
21	折磨	zhémo	torment; cause physical or mental suffering
22	難捨	nánshě	loath to part from someone, some place or something
✳23	心動異常	xīndòng yìcháng	the heartbeat is irregular
✳24	人工呼吸	réngōng hūxī	artificial respiration
✳25	冰帽	bīng mào	cold compress; lit. "ice hat"

例句

1 你太勞累了，坐下來歇一會兒吧。

2 人已經死了。悲傷，難過也沒有用了。

3 最近我有很多煩惱的事，所以頭很痛。

4 要是你跟你朋友永別的時候，一定很悲傷。

5 人做錯了事，跪在上帝面前懺悔有沒有用？

6 父母照顧我無微不至。我真不知道怎麼報答他們。

9	报答	bàodá	to repay; to pay a debt of gratitude
＊10	无微不至	wú-wēi-bú-zhì	very thoughtful; to take very good care of sb. [Taiwan (also) -wei..]
11	关怀	guānhuái	to show loving care for
12	体贴	tǐtiē	to show consideration for
＊13	稍些	shāoxiē	a bit; a little
14	按时	àn shí	on time
15	现成	xiànchéng	ready; at hand; ready-made
＊16	三屉桌	sāntì zhuō	desk with three drawers
17	创造	chuàngzào	to create; to produce
18	条件	tiáojiàn	condition
19	遗憾	yíhàn	regret; pity
20	给予	jǐyú	to give; to render
21	折磨	zhémo	torment; cause physical or mental suffering
22	难舍	nánshě	loath to part from someone, some place or something
＊23	心动异常	xīndòng yicháng	the heartbeat is irregular
＊24	人工呼吸	réngōng hūxī	artificial respiration
＊25	冰帽	bīng mào	cold compress; lit. "ice hat"

例句

1 你太劳累了，坐下来歇一会儿吧。
2 人已经死了。悲伤，难过也没有用了。
3 最近我有很多烦恼的事，所以头很痛。
4 要是你跟你朋友永别的时候，一定很悲伤。
5 人做错了事，跪在上帝面前忏悔有没有用？
6 父母照顾我无微不至。我真不知道怎么报答他们。

7 他太太不但關懷他的生活，而且處處體貼他。對他好極了。

8 大夫説，你得按時吃藥。要不然藥就不靈了。

9 飯、菜都是現成的，一點都不麻煩，你就在這兒吃飯吧。

10 這個人很有創造力，他會創造出新東西的。

11 雖然在美國的研究條件比中國好，可是我沒有工夫作研究，真遺憾。

12 父母給予我們的太多了。我們應該想法子報答他們。

13 你不吃飯，不睡覺，爲甚麼要這麼折磨你自己呢？

14 看他們兩個人難捨難分的樣子，真難過。。

第二十九景

生詞

＊1	亂竄	luàn cuàn	to run in all directions/everywhere
＊2	內裡	nèilǐ	inside
3	詳情	xiángqíng	detailed information
＊4	尋思	xúnsī	to ponder
5	盡... 心意	jìn... xīnyì	to show...appreciation
6	激動	jīdòng	excited; agitated
7	驚動	jīngdòng	to disturb; to trouble
8	花本錢	huā běnqián	to spend capital (big money)
9	藥	yào	medicine
10	自個兒	zìgěr	oneself
11	掏錢	tāo qián	to pay money
＊12	拉家帶口	lā-jiā-dài-kǒu	to have family and children to raise

例句

7 他太太不但关怀他的生活，而且处处体贴他。对他好极了。

8 大夫说，你得按时吃药。要不然药就不灵了。

9 饭、菜都是现成的，一点都不麻烦，你就在这儿吃饭吧。

10 这个人很有创造力，他会创造出新东西的。

11 虽然在美国的研究条件比中国好，可是我没有工夫作研究，真遗憾。

12 父母给予我们的太多了。我们应该想法子报答他们。

13 你不吃饭，不睡觉，为甚么要这么折磨你自己呢？

14 看他们两个人难舍难分的样子，真难过。。

第二十九景

生词

＊1	乱窜	luàn cuàn	to run in all directions/everywhere
＊2	内里	neilǐ	inside
3	详情	xiángqíng	detailed information
＊4	寻思	xúnsī	to ponder
5	尽...	jìn...	to show...appreciation
	心意	xīnyì	
6	激动	jīdòng	excited; agitated
7	惊动	jīngdòng	to disturb; to trouble
8	花本钱	huá běnqián	to spend capital (big money)
9	药	yào	medicine
10	自个儿	zìgěr	oneself
11	掏钱	tāo qián	to pay money
＊12	拉家带口	lā-jiā-dài-kǒu	to have family and children to raise

例句

1 “詳情”是“詳細的情形”的意思。

2 張大爺送給陸文婷雞蛋是表示感謝，盡一點兒心意的意思。

3 他生氣的時候，説話很激動。

4 病人睡着了，你最好不要驚動他。

5 做買賣一定得有本錢。

6 有病一定得吃藥。

7 “自個兒”是“自己”的意思。

8 “掏錢”有兩個意思。一個意思是把“錢從口袋裡拿出來。”還有一個是“付錢”的意思。

第三十景

生詞

＊1	官僚主義	guānliáo zhǔyì	bureaucratism
＊2	蒙在鼓裡	méng zài gǔlǐ	lit. "to be sealed in a drum," to be kept completely in the dark
＊3	幹校	gàn xiào	contraction of: 幹部學校 a school for cadres (during Cultural Revolution, cadres and intellectuals were send down to cadre schools to participate in manual labor)
4	缺	quē	to lack; to be short of
5	困難	kùnnán	difficulty
6	儘管説	jǐnguǎn shuō	to say whatever you want to say without holding back
7	樂觀	lè guān	optimistic
8	疾病	jíbìng	sickness
＊9	既來之，	jì-lái-zhī,	to make the best of it; since we have

1 “详情”是“详细的情形”的意思。

2 张大爷送给陆文婷鸡蛋是表示感谢，尽一点儿心意的意思。

3 他生气的时候，说话很激动。

4 病人睡着了，你最好不要惊动他。

5 做买卖一定得有本钱。

6 有病一定得吃药。

7 “自个儿”是“自己”的意思。

8 “掏钱”有两个意思。一个意思是把“钱从口袋里拿出来。”还有一个是“付钱”的意思。

第三十景

生词

＊1	官僚主义	guānliáo zhǔyì	bureaucratism
＊2	蒙在鼓里	méng zài gǔlǐ	lit. "to be sealed in a drum," to be kept completely in the dark
＊3	干校	gàn xiào	contraction of: 干部学校 a school for cadres (during Cultural Revolution, cadres and intellectuals were send down to cadre schools to participate in manual labor)
4	缺	quē	to lack; to be short of
5	困难	kùnnán	difficulty
6	尽管说	jǐnguǎn shuō	to say whatever you want to say without holding back
7	乐观	lè guān	optimistic
8	疾病	jíbìng	sickness
＊9	既来之，	jì-lái-zhī,	to make the best of it; since we have

	則安之	zé-ān-zhī	come let's settle in peace here.
＊10	馬列主義	Mǎ-Liè zhǔyì	Marxiam-Leninism

例句

1 你缺少甚麼？
我甚麼都不缺，就是缺少錢。

2 你有甚麼困難，儘管說，我會想法子幫助你的。

3 樂觀的人甚麼事情都往好處想。悲觀的人甚麼事都往壞處想。

4 "疾病"也可以說"病"。

第三十一景

生詞

1	傷心	shāngxīn	sad
2	懼怕	jùpà	afraid; fear
＊3	噩夢	è mèng	nightmare
4	毅力	yìlì	willpower; will
5	抉擇	juézé	decision; policy decision
6	忙於	mángyú	busy at; fully occupied with
＊7	不及思索	bùjí-sīsuǒ	no time to think deeply 來不及想
＊8	塞進	sāi jìn	to squeeze in; to fill in
＊9	天涯孤客	tiān-yá-gū-kè	lonely person at a remote place
＊10	沉默不語	chén-mò-bù-yǔ	to remain silent 不說話
＊11	心神不定	xīn-shén-bú-dìng	restless or unstable mood; a confused state of mind
12	陌生	mòshēng	strange; unfamiliar
＊13	國度	guódù	country 國家

	则安之	zé-ān-zhī	come let's settle in peace here.
＊10	马列主义	Mǎ-Liè zhǔyì	Marxiam-Leninism

例句

1　你缺少甚么？

　我甚么都不缺，就是缺少钱。

2　你有甚么困难，尽管说，我会想法子帮助你的。

3　乐观的人甚么事情都往好处想。悲观的人甚么事都往坏处想。

4　“疾病”也可以说“病”。

第三十一景

生词

1	伤心	shāngxīn	sad
2	惧怕	jùpà	afraid; fear
＊3	噩梦	è mèng	nightmare
4	毅力	yìlì	willpower; will
5	抉择	juézé	decision; policy decision
6	忙于	mángyú	busy at; fully occupied with
＊7	不及思索	bùjí-sīsuǒ	no time to think deeply 来不及想
＊8	塞进	sāi jìn	to squeeze in; to fill in
＊9	天涯孤客	tiān-yá-gū-kè	lonely person at a remote place
＊10	沉默不语	chén-mò-bù-yǔ	to remain silent 不说话
＊11	心神不定	xīn-shén-bú-dìng	restless or unstable mood; a confused state of mind
12	陌生	mòshēng	strange; unfamiliar
＊13	国度	guódù	country 国家

14	適應	shìyìng	to adapt; to fit
15	親愛	qīn'ài	dear; beloved
*16	故國	gù guó	native land; father-land
*17	恩情	ēnqíng	loving-kindness

例句

1 “傷心”是“很難過”的意思。比方說：姜亞芬要離開中國了，所以她很傷心。
2 “懼怕”是“怕、害怕”的意思。我們都懼怕戰爭會發生。
3 做事一定要有毅力才能成功。
4 “抉擇”是“選擇、決定”的意思。例如：我要跟他結婚是我自己的抉擇。
5 這幾天我忙於考試，所以沒有工夫來看你。
6 “陌生”是“不認識或不熟悉”的意思。你對這個地方很陌生，因為你剛到這兒來。
7 我剛從南方來，對北方的天氣還不能適應。
8 誰是你最親愛的人？

第三十二景

生詞

1	養着	yǎngzhe	to recuperate
2	養病	yǎngbìng	to take rest and nourishment to regain one's health; to recuperate

例句

1 你開刀以後得好好地養着，別着急，慢慢地養病身體才會好。

14	适应	shìyìng	to adapt; to fit
15	亲爱	qīn'ài	dear; beloved
*16	故国	gù guó	native land; father-land
*17	恩情	ēnqíng	loving-kindness

例句

1 “伤心”是“很难过”的意思。比方说：姜亚芬要离开中国了，所以她很伤心。

2 “惧怕”是“怕、害怕”的意思。我们都惧怕战争会发生。

3 做事一定要有毅力才能成功。

4 “抉择”是“选择、决定”的意思。例如：我要跟他结婚是我自己的抉择。

5 这几天我忙于考试，所以没有工夫来看你。

6 “陌生”是“不认识或不熟悉”的意思。你对这个地方很陌生，因为你刚到这儿来。

7 我刚从南方来，对北方的天气还不能适应。

8 谁是你最亲爱的人？

第三十二景

生词

1	养着	yǎngzhe	to recuperate
2	养病	yǎngbìng	to take rest and nourishment to regain one's health; to recuperate

例句

1 你开刀以后得好好地养着，别着急，慢慢地养病身体才会好。

Part Three
Exercises

第三部分
練習題

Part Three Exercises

人到中年　習題

習題一　　（第一、二景）

一　問題

1　電影開始的時候是在甚麼地方？
2　誰病了？她有甚麼病？
3　陸大夫從前身體怎麼樣？
4　陸大夫是甚麼時候到這個醫院來做事的？
5　陸大夫說她看外文容易不容易？
6　陸大夫對外文有興趣嗎？
7　陸大夫覺得中國的眼科怎麼樣？
8　陸大夫可以在眼科做事嗎？你怎麼知道？
9　陸大夫的女同學叫甚麼名字？她為甚麼不喜歡在眼科做事？
10　為甚麼姜亞芬說醫院像修道院？

二　造句

1　是在... 還是在：
2　繼續：
3　願意：
4　對... 感/ 有興趣：
5　落後：
6　嘗試：
7　嚴格：
8　必須：
9　不准：
10　簡直是：

人到中年　习题

习题一　（第一、二景）

一　问题

1. 电影开始的时候是在甚么地方？
2. 谁病了？她有甚么病？
3. 陆大夫从前身体怎么样？
4. 陆大夫是甚么时候到这个医院来做事的？
5. 陆大夫说她看外文容易不容易？
6. 陆大夫对外文有兴趣吗？
7. 陆大夫觉得中国的眼科怎么样？
8. 陆大夫可以在眼科做事吗？你怎么知道？
9. 陆大夫的女同学叫甚么名字？她为甚么不喜欢在眼科做事？
10. 为甚么姜亚芬说医院像修道院？

二　造句

1. 是在... 还是在：
2. 继续：
3. 愿意：
4. 对... 感/ 有兴趣：
5. 落后：
6. 尝试：
7. 严格：
8. 必须：
9. 不准：
10. 简直是：

習題二　　（第三、四、五景）

一　問題：

1　陸大夫的愛人叫甚麼名字？

2　傅家杰，陸文婷有幾個孩子？

3　大孩子是男的還是女的？他們叫甚麼名字？

4　佳佳爲甚麼哭？

5　陸文婷要甚麼？

二　造句：

1　剛才：

2　怎麼：

3　只要：

4　需要：

5　不能：

6　幻想：

习题二　　（第三、四、五景）

一　问题：

1　陆大夫的爱人叫甚么名字？
2　傅家杰，陆文婷有几个孩子？
3　大孩子是男的还是女的？他们叫甚么名字？
4　佳佳为甚么哭？
5　陆文婷要甚么？

二　造句：

1　刚才：
2　怎么：
3　只要：
4　需要：
5　不能：
6　幻想：

習題三　　（第六、七景）

一　問題：

1　為甚麼姜亞芬說“世界上又少了兩個自由的人了”？
2　為甚麼姜亞芬不要跟劉大夫結婚？
3　你想姜亞芬是真的不要結婚嗎？
4　老劉問老傅“是怎麼攻下城堡的”的意思是甚麼？
5　傅家杰的身體怎麼樣？
6　醫院能不能找人護理陸文婷？
7　趙院長說：“這是個信號啊！”是指甚麼說的？
8　陸大夫做了多少年的住院大夫了？
9　陸大夫應該是甚麼級的大夫了？
10　你想她為甚麼還不是主治大夫？

二　造句：

1　自由：
2　充滿：
3　介紹：
4　變化：
5　保養：
6　能不能：
7　不如：
8　負擔：
9　按規定：

习题三 （第六、七景）

一 问题：

1 为甚么姜亚芬说“世界上又少了两个自由的人了”？

2 为甚么姜亚芬不要跟刘大夫结婚？

3 你想姜亚芬是真的不要结婚吗？

4 老刘问老傅“是怎么攻下城堡的”的意思是甚么？

5 傅家杰的身体怎么样？

6 医院能不能找人护理陆文婷？

7 赵院长说：“这是个信号啊！”是指甚么说的？

8 陆大夫做了多少年的住院大夫了？

9 陆大夫应该是甚么级的大夫了？

10 你想她为甚么还不是主治大夫？

二 造句：

1 自由：

2 充满：

3 介绍：

4 变化：

5 保养：

6 能不能：

7 不如：

8 负担：

9 按规定：

習題四　　（第七景）

一　問題：

1　陸大夫的工資是多少？美國大夫的工資高不高？
2　爲甚麼趙院長說"拿手術刀不如拿剃頭刀"？
3　"僧多粥少"的意思是甚麼？
4　"石沉大海"是甚麼意思？
5　"三令五申"是甚麼意思？
6　"落實知識分子政策"是甚麼意思？
7　你想這些大夫對中國政府的政策滿意嗎？你怎麼知道？
8　"冰凍三尺"是甚麼意思？
9　陸大夫那天做了幾個手術？
10　爲甚麼她得做那麼多手術？

二　造句：

1　早該：
2　連... 都不：
3　商量：
4　發牢騷：
5　珍惜：
6　變成：
7　相信：
8　解決：
9　突然：
10　不能不：

习题四　　　（第七景）

一　问题：

1　陆大夫的工资是多少？美国大夫的工资高不高？
2　为甚么赵院长说“拿手术刀不如拿剃头刀”？
3　“僧多粥少”的意思是甚么？
4　“石沉大海”是甚么意思？
5　“三令五申”是甚么意思？
6　“落实知识分子政策”是甚么意思？
7　你想这些大夫对中国政府的政策满意吗？你怎么知道？
8　“冰冻三尺”是甚么意思？
9　陆大夫那天做了几个手术？
10　为甚么她得做那么多手术？

二　造句：

1　早该：
2　连... 都不：
3　商量：
4　发牢骚：
5　珍惜：
6　变成：
7　相信：
8　解决：
9　突然：
10　不能不：

習題五　　（第七景）

一　問題：

1　秦波是誰？
2　焦副部長為甚麼要到醫院去？
3　焦副部長哪隻眼睛看不見？
4　為甚麼秦波要問陸大夫在醫院做了幾年事了？
5　普通的病人問大夫這些事情嗎？
6　陸大夫的身體怎麼樣？
7　陸大夫因為身體不好常常不來工作嗎？
8　焦副部長的眼睛有甚麼毛病？
9　你想秦波相信陸大夫嗎？你怎麼知道？
10　為甚麼秦波要問陸大夫是不是黨員？
你想是不是黨員跟是不是好大夫有關係嗎？

二　造句：

1　完全：
2　檢查：
3　恐怕：
4　經驗：
5　豐富：
6　漂亮：
7　好像：
8　一直：
9　把握：
10　非... 不可：

习题五　　（第七景）

一　问题：

1　秦波是谁？
2　焦副部长为甚么要到医院去？
3　焦副部长哪只眼睛看不见？
4　为甚么秦波要问陆大夫在医院做了几年事了？
5　普通的病人问大夫这些事情吗？
6　陆大夫的身体怎么样？
7　陆大夫因为身体不好常常不来工作吗？
8　焦副部长的眼睛有甚么毛病？
9　你想秦波相信陆大夫吗？你怎么知道？
10　为甚么秦波要问陆大夫是不是党员？
你想是不是党员跟是不是好大夫有关系吗？

二　造句：

1　完全：
2　检查：
3　恐怕：
4　经验：
5　丰富：
6　漂亮：
7　好像：
8　一直：
9　把握：
10　非... 不可：

習題六　　（第七景）

一　問題：

1　孫大夫爲甚麼不能給焦副部長動手術？

2　郭大夫爲甚麼出國了？

3　秦波想怎麼樣能使知識分子不到外國去？

4　爲甚麼焦副部長特別要到這個醫院來動手術？

5　焦副部長知道從前給他動手術的人是誰嗎？

二　造句：

1　繼承：

2　衝破：

3　建設：

4　培養：

5　深刻：

6　加強：

7　特殊：

习题六　　（第七景）

一　问题：

1　孙大夫为甚么不能给焦副部长动手术？

2　郭大夫为甚么出国了？

3　秦波想怎么样能使知识分子不到外国去？

4　为甚么焦副部长特别要到这个医院来动手术？

5　焦副部长知道从前给他动手术的人是谁吗？

二　造句：

1　继承：

2　冲破：

3　建设：

4　培养：

5　深刻：

6　加强：

7　特殊：

習題七 （第八、九景）

一 問題：

1 張大爺是一個甚麼樣的人？
2 張大爺爲甚麼不住在北京？
3 王小曼是一個甚麼樣的病人？
4 焦副部長的手術最後決定由誰來做？
5 打電話來的人告訴陸大夫甚麼事情？
6 陸大夫爲甚麼找不到傅家杰？
7 陸大夫爲甚麼認爲焦副部長的病不必有醫療小組？
8 秦波的看法呢？
9 爲甚麼做白內障手術的時候怕病人咳嗽？
10 陸大夫爲甚麼沒有再繼續跟秦波談話？

二 造句：

1 照顧：
2 要不是：
3 難不住：
4 害怕：
5 保證：
6 矯正：
7 可能：
8 爲了：
9 辦手續：
10 通知：
11 決定：
12 研究：
13 採取：

习题七　　（第八、九景）

一　问题：

1　张大爷是一个甚么样的人？
2　张大爷为甚么不住在北京？
3　王小曼是一个甚么样的病人？
4　焦副部长的手术最后决定由谁来做？
5　打电话来的人告诉陆大夫甚么事情？
6　陆大夫为甚么找不到傅家杰？
7　陆大夫为甚么认为焦副部长的病不必有医疗小组？
8　秦波的看法呢？
9　为甚么做白内障手术的时候怕病人咳嗽？
10　陆大夫为甚么没有再继续跟秦波谈话？

二　造句：

1　照顾：
2　要不是：
3　难不住：
4　害怕：
5　保证：
6　矫正：
7　可能：
8　为了：
9　办手续：
10　通知：
11　决定：
12　研究：
13　采取：

習題八 （第九、十、十一、十二景）

一 問題：

1 佳佳有甚麼病？

2 佳佳是在哪兒生病的？

3 圓圓爲甚麼要買白球鞋？

4 陸大夫有沒有給圓圓做飯吃？

5 爲甚麼陸大夫對圓圓那麼不客氣？

6 陸大夫覺得他們從前的生活怎麼樣？那樣的日子有多久？

二 造句：

1 怎麼才：

2 運動：

3 遲到：

4 雖然：

5 屬於：

6 支配：

7 寧靜：

8 充實：

9 難得：

10 匆匆：

习题八　（第九、十、十一、十二景）

一　问题：

1　佳佳有甚么病？
2　佳佳是在哪儿生病的？
3　圆圆为甚么要买白球鞋？
4　陆大夫有没有给圆圆做饭吃？
5　为甚么陆大夫对圆圆那么不客气？
6　陆大夫觉得他们从前的生活怎么样？那样的日子有多久？

二　造句：

1　怎么才：
2　运动：
3　迟到：
4　虽然：
5　属于：
6　支配：
7　宁静：
8　充实：
9　难得：
10　匆匆：

習題九　　（第十三、十四景）

一問題：

1　文化大革命的時候，傅家杰的工作怎麼樣？
2　姜亞芬爲甚麼不要參加開會？
3　陸大夫喜歡參加這種會嗎？那她爲甚麼要參加呢？
4　陸大夫説“她的錯誤是在于結婚”是甚麼意思？
　你想是她不愛傅家杰了嗎？
5　陳奶奶是誰？她爲甚麼要幫陸大夫的忙？
6　佳佳長大要當甚麼？你小的時候想過你長大以後要當甚麼嗎？
7　陸大夫爲甚麼覺得自己不是好媽媽？你認爲她是好媽媽嗎？

二　造句：

1　封閉：
2　取消：
3　解除：
4　錯誤：
5　在于：
6　考慮：
7　沉重：
8　A 不如 B：
9　替你：
10　交給：

习题九　　（第十三、十四景）

一问题：

1　文化大革命的时候，傅家杰的工作怎么样？
2　姜亚芬为甚么不要参加开会？
3　陆大夫喜欢参加这种会吗？那她为甚么要参加呢？
4　陆大夫说“她的错误是在于结婚”是甚么意思？
　你想是她不爱傅家杰了吗？
5　陈奶奶是谁？她为甚么要帮陆大夫的忙？
6　佳佳长大要当甚么？你小的时候想过你长大以后要当甚么吗？
7　陆大夫为甚么觉得自己不是好妈妈？你认为她是好妈妈吗？

二　造句：

1　封闭：
2　取消：
3　解除：
4　错误：
5　在于：
6　考虑：
7　沉重：
8　A 不如 B：
9　替你：
10　交给：

習題十　　（第十四景）

一　問題：

1　姜亞芬爲甚麼到傅家來？
2　姜亞芬爲甚麼沒早告訴陸文婷他們要到加拿大去？
3　姜亞芬的愛人姓甚麼？
4　老劉願意到外國去嗎？那他爲甚麼還去呢？
5　老劉爲甚麼佩服陸文婷？
6　陸文婷爲甚麼覺得自己很自私？
7　老劉爲甚麼說傅家杰，圓圓，佳佳應該得勛章？
8　爲甚麼很多中國人想出國？

二　造句：

1　躺：
2　照顧：
3　有空：
4　申請：
5　護照：
6　舉行：
7　勸阻：
8　動搖：
9　預料：
10　遭遇：

习题十　　（第十四景）

一　问题：

1　姜亚芬为甚么到傅家来？
2　姜亚芬为甚么没早告诉陆文婷他们要到加拿大去？
3　姜亚芬的爱人姓甚么？
4　老刘愿意到外国去吗？那他为甚么还去呢？
5　老刘为甚么佩服陆文婷？
6　陆文婷为甚么觉得自己很自私？
7　老刘为甚么说傅家杰，圆圆，佳佳应该得勋章？
8　为甚么很多中国人想出国？

二　造句：

1　躺：
2　照顾：
3　有空：
4　申请：
5　护照：
6　举行：
7　劝阻：
8　动摇：
9　预料：
10　遭遇：

習題十一　（第十四景）

一　問題：

1　在中國做大夫容易不容易？

2　他們對文化大革命滿意嗎？

3　從前他們敢批評文化大革命嗎？爲甚麼現在敢呢？

4　傅家杰爲甚麼想當保姆？

5　他們要登甚麼樣的廣告？

6　在中國中年人重要嗎？爲甚麼？中國政府對中年人好不好？

二　造句：

1　偉大：

2　自私：

3　稱職：

4　犧牲：

5　既不... 也不：

6　了解：

7　連... 都：

8　打聽：

9　擅長：

习题十一　（第十四景）

一　问题：

1　在中国做大夫容易不容易？
2　他们对文化大革命满意吗？
3　从前他们敢批评文化大革命吗？为甚么现在敢呢？
4　傅家杰为甚么想当保姆？
5　他们要登甚么样的广告？
6　在中国中年人重要吗？为甚么？中国政府对中年人好不好？

二　造句：

1　伟大：
2　自私：
3　称职：
4　牺牲：
5　既不... 也不：
6　了解：
7　连... 都：
8　打听：
9　擅长：

習題十二　（第十四景）

一　問題：

1　這幾個中年人滿意他們的生活嗎？爲甚麼？

2　要是你是他們，你會做甚麼？

二　造句：

1　勤勞：

2　要求：

3　才能：

4　科研：

5　擔當：

6　議論：

7　不敢：

8　弊病：

9　謬論：

10　耽誤：

习题十二　（第十四景）

一　问题：

1　这几个中年人满意他们的生活吗？为甚么？

2　要是你是他们，你会做甚么？

二　造句：

1　勤劳：

2　要求：

3　才能：

4　科研：

5　担当：

6　议论：

7　不敢：

8　弊病：

9　谬论：

10　耽误：

習題十三　（第十五景）

一　問題：

1　傅家杰在想甚麼？
2　陸文婷爲甚麼覺得對不起傅家杰？
3　你想陸文婷是自私的人嗎？
4　傅家杰怪陸文婷嗎？
5　陸文婷爲甚麼覺得很疲勞？
6　要是你是陸文婷，你怎麼辦？

二　造句：

1　待遇：
2　真像是：
3　家務：
4　盡到：
5　疲勞：
6　逐步：
7　擴展：
8　斷裂：

习题十三　（第十五景）

一　问题：

1　傅家杰在想甚么？
2　陆文婷为甚么觉得对不起傅家杰？
3　你想陆文婷是自私的人吗？
4　傅家杰怪陆文婷吗？
5　陆文婷为甚么觉得很疲劳？
6　要是你是陆文婷，你怎么办？

二　造句：

1　待遇：
2　真像是：
3　家务：
4　尽到：
5　疲劳：
6　逐步：
7　扩展：
8　断裂：

習題十四　　（第十六景）

一　問題：

1　陸大夫來的時候，焦副部長到哪去了？

2　陸大夫爲甚麼不給焦副部長裝人工晶體？

3　焦副部長的身體怎麼樣？

4　陸大夫請焦副部長動手術前最好不要做甚麼？

5　焦副部長的眼睛爲甚麼縫上又打開了？

6　焦副部長的右眼是誰給開刀的？

7　焦副部長，秦波知道那個大夫是誰嗎？

二　造句：

1　據說：

2　試驗：

3　合適：

4　用不着：

5　嚴重：

6　立即：

7　打開：

8　就要：

9　失明：

10　再不：

习题十四　（第十六景）

一　问题：

1　陆大夫来的时候，焦副部长到哪去了？
2　陆大夫为甚么不给焦副部长装人工晶体？
3　焦副部长的身体怎么样？
4　陆大夫请焦副部长动手术前最好不要做甚么？
5　焦副部长的眼睛为甚么缝上又打开了？
6　焦副部长的右眼是谁给开刀的？
7　焦副部长，秦波知道那个大夫是谁吗？

二　造句：

1　据说：
2　试验：
3　合适：
4　用不着：
5　严重：
6　立即：
7　打开：
8　就要：
9　失明：
10　再不：

習題十五　（第十七、十八景）

一　問題：

1　爲甚麼做大夫跟入黨有關係？

2　在中國甚麼樣的人才可以入黨？

3　“跟家庭劃清界限”是甚麼意思？

4　陸大夫決定甚麼時候給焦副部長動手術？

二　造句：

1　可惜：

2　見怪：

3　信任：

4　辜負：

5　努力：

6　選擇：

7　政策：

8　貢獻：

9　如果：

10　敞開：

习题十五　（第十七、十八景）

一　问题：

1　为甚么做大夫跟入党有关系？
2　在中国甚么样的人才可以入党？
3　“跟家庭划清界限”是甚么意思？
4　陆大夫决定甚么时候给焦副部长动手术？

二　造句：

1　可惜：
2　见怪：
3　信任：
4　辜负：
5　努力：
6　选择：
7　政策：
8　贡献：
9　如果：
10　敞开：

習題十六　（第十九、二十景）

一　問題：

1　爲甚麼孩子的衣服每年得接一次？

2　傅家的屋子有多大？

3　傅家有幾張桌子？

4　爲甚麼陸文婷要她的愛人搬到研究所去住？

5　傅家杰同意搬走嗎？

6　現在的中國人爲了甚麼做出犧牲？

7　“四化”是甚麼意思？

二　造句：

1　調皮：

2　儘管：

3　製造：

4　緊張：

5　狀態：

6　損失：

7　搬到：

8　變成：

9　一大堆：

10　堅強：

习题十六　（第十九、二十景）

一　问题：

1　为甚么孩子的衣服每年得接一次？
2　傅家的屋子有多大？
3　傅家有几张桌子？
4　为甚么陆文婷要她的爱人搬到研究所去住？
5　傅家杰同意搬走吗？
6　现在的中国人为了甚么做出牺牲？
7　“四化”是甚么意思？

二　造句：

1　调皮：
2　尽管：
3　制造：
4　紧张：
5　状态：
6　损失：
7　搬到：
8　变成：
9　一大堆：
10　坚强：

習題十七　（第二十一、二十二、二十三景）

一問題：

1 現在焦副部長怎麼知道從前開刀的人是陸大夫了？
2 陸大夫用的針好不好？從這一點可以知道甚麼？
3 剛要開刀的時候有甚麼事發生了？
4 陸大夫開刀的時候爲甚麼有幾個大夫來？這説明甚麼？
5 王小曼爲甚麼不要動手術？
6 陸大夫給病人動手術的時候覺得怎麼樣？
7 爲甚麼陸大夫得馬上給張大爺動手術？

二造句：

1 安排：
2 語調：
3 感謝：
4 消息：
5 額外：
6 麻煩：
7 參觀：
8 勇敢：
9 社會主義：
10 規矩：

习题十七　（第二十一、二十二、二十三景）

一问题：

1　现在焦副部长怎么知道从前开刀的人是陆大夫了？
2　陆大夫用的针好不好？从这一点可以知道甚么？
3　刚要开刀的时候有甚么事发生了？
4　陆大夫开刀的时候为甚么有几个大夫来？这说明甚么？
5　王小曼为甚么不要动手术？
6　陆大夫给病人动手术的时候觉得怎么样？
7　为甚么陆大夫得马上给张大爷动手术？

二造句：

1　安排：
2　语调：
3　感谢：
4　消息：
5　额外：
6　麻烦：
7　参观：
8　勇敢：
9　社会主义：
10　规矩：

習題十八　（第二十四、二十五、二十六、二十七、二十八景）

一　問題：

1　爲甚麼張大爺想陸大夫是神仙？

2　醫院爲甚麼不能派車來接陸大夫？

3　最後傅家杰是怎麼把陸文婷送到醫院去的？

4　陸文婷爲甚麼覺得對不起她愛人？

5　陸文婷最快樂的事是甚麼？

二　造句：

1　到底：

2　舒服：

3　難受：

4　急診：

5　允許：

6　懺悔：

7　原諒：

8　按時：

9　遺憾：

10　離不開：

习题十八 （第二十四、二十五、二十六、二十七、二十八景）

一 问题：

1 为甚么张大爷想陆大夫是神仙？

2 医院为甚么不能派车来接陆大夫？

3 最后傅家杰是怎么把陆文婷送到医院去的？

4 陆文婷为甚么觉得对不起她爱人？

5 陆文婷最快乐的事是甚么？

二 造句：

1 到底：

2 舒服：

3 难受：

4 急诊：

5 允许：

6 忏悔：

7 原谅：

8 按时：

9 遗憾：

10 离不开：

習題十九　（第二十九、三十、三十一景）

一　問題：

1　陸大夫病的時候誰要去看她？

2　為甚麼護士不讓他們去看她？

3　張大爺送甚麼東西給陸文婷？

4　姜亞芬、老劉捨得捨不得離開中國？為甚麼？

5　你想姜亞芬夫婦還會回來嗎？為甚麼？

二　造句：

1　到處：

2　捨不得：

3　貴重：

4　盡一切：

5　了解：

6　親自：

7　樂觀：

8　珍惜：

9　懼怕：

10　從此以後：

习题十九　（第二十九、三十、三十一景）

一　问题：

1　陆大夫病的时候谁要去看她？

2　为甚么护士不让他们去看她？

3　张大爷送甚么东西给陆文婷？

4　姜亚芬、老刘舍得舍不得离开中国？为甚么？

5　你想姜亚芬夫妇还会回来吗？为甚么？

二　造句：

1　到处：

2　舍不得：

3　贵重：

4　尽一切：

5　了解：

6　亲自：

7　乐观：

8　珍惜：

9　惧怕：

10　从此以后：

習題　二十

1　請你説説這個電影的大意：

2　你看完了這個電影兒，有甚麼感想？

3　這樣的事在你的國家會不會發生？爲甚麼？

4　從這個故事，你對中國的社會，有甚麼了解？

5　你能了解中國中年人的痛苦及困難嗎？

6　你想中國政府喜歡這個電影兒嗎？爲甚麼？

习题　二十

1　请你说说这个电影的大意：

2　你看完了这个电影儿，有甚么感想？

3　这样的事在你的国家会不会发生？为甚么？

4　从这个故事，你对中国的社会，有甚么了解？

5　你能了解中国中年人的痛苦及困难吗？

6　你想中国政府喜欢这个电影儿吗？为甚么？

Part Four
Commentary

第四部分
敘述

人到中年　敍述

第一景

陸文婷病了。她睡在醫院的病牀上，不知道自己是不是快要死了。大夫們說她得了心臟病。孫大夫和趙院長都記得十八年以前，陸文婷剛來他們醫院的時候，身體很好。她怎麼會病了呢？

第二景

十八年以前，陸文婷剛從醫學院畢業。有一天，在孫大夫的辦公室裡，孫大夫問她願意不願意當眼科大夫。陸文婷告訴孫大夫，她在學校裡的時候就對當眼科大夫有興趣。她願意當眼科大夫，因爲中國的眼科還不太好，還有一些手術不能做，她要試一試。陸文婷還告訴孫大夫，她喜歡外語，可是看外文書還要用字典。孫大夫聽了很高興。就請陸文婷在他們眼科當大夫。

陸文婷的朋友姜亞芬知道陸文婷當了眼科大夫很高興。她門倆是醫學院的同學。姜大夫想，當眼科大夫不錯，當小兒科的大夫不好，常常聽孩子們哭。姜大夫還告訴陸文婷，從醫學院畢業的人還要當四年的住院大夫。每天二十四小時都要在醫院，不能結婚。

第三景

陸文婷還在醫院的病床上睡着。趙院長和姜大夫來看她了。姜大夫看陸文婷好像要說甚麼，就去叫陸文婷的丈夫傅家杰。

傅家杰和兩個孩子圓圓，佳佳正在病房外邊等着。姜大夫叫傅家杰進去看看陸文婷。圓圓和佳佳也要和爸爸一起去看媽媽。姜大夫告訴他們，現在小孩子不能去病房。姜大夫叫圓圓看着妹妹。

傅家杰來到陸文婷的病床前，給她喝了一點兒水，小聲地叫着“文婷，文婷”。陸文婷聽見了先生的聲音，可是聲音好像很遠很遠...

人到中年　叙述

第一景

陆文婷病了。她睡在医院的病床上，不知道自己是不是快要死了。大夫们说她得了心脏病。孙大夫和赵院长都记得十八年以前，陆文婷刚来他们医院的时候，身体很好。她怎么会病了呢？

第二景

十八年以前，陆文婷刚从医学院毕业。有一天，在孙大夫的办公室里，孙大夫问她愿意不愿意当眼科大夫。陆文婷告诉孙大夫，她在学校里的时候就对当眼科大夫有兴趣。她愿意当眼科大夫，因为中国的眼科还不太好，还有一些手术不能做，她要试一试。陆文婷还告诉孙大夫，她喜欢外语，可是看外文书还要用字典。孙大夫听了很高兴。就请陆文婷在他们眼科当大夫。

陆文婷的朋友姜亚芬知道陆文婷当了眼科大夫很高兴。她门俩是医学院的同学。姜大夫想，当眼科大夫不错，当小儿科的大夫不好，常常听孩子们哭。姜大夫还告诉陆文婷，从医学院毕业的人还要当四年的住院大夫。每天二十四小时都要在医院，不能结婚。

第三景

陆文婷还在医院的病床上睡着。赵院长和姜大夫来看她了。姜大夫看陆文婷好像要说甚么，就去叫陆文婷的丈夫傅家杰。

傅家杰和两个孩子圆圆，佳佳正在病房外边等着。姜大夫叫傅家杰进去看看陆文婷。圆圆和佳佳也要和爸爸一起去看妈妈。姜大夫告诉他们，现在小孩子不能去病房。姜大夫叫圆圆看着妹妹。

傅家杰来到陆文婷的病床前，给她喝了一点儿水，小声地叫着“文婷，文婷”。陆文婷听见了先生的声音，可是声音好像很远很远...

第四景

很多年以前，傅家杰來醫院看病，陸文婷是他的大夫，她給傅家杰做了手術。有一天，陸文婷拿開了傅家杰眼睛上的布，問他看得見看不見。傅家杰的眼睛看得見了，他的眼睛好了。傅家杰很感謝陸文婷，他也愛上了陸文婷。

第五景

以後，陸文婷和傅家杰常在河邊、在樹林裡、在小山上、走着、談着。傅家杰常常念詩給陸文婷聽。冬天到了，下雪了。他們兩人在公園裡走着。陸文婷問傅家杰做科學工作的人怎麼也有時間讀詩。她又說她不懂詩。傅家杰回答說，陸文婷的工作就像詩一樣，她能治好很多，很多人的眼睛。

第六景

傅家杰和陸文婷要結婚了，他們正高興地整理着東西。姜大夫來看他們，她不想結婚。她說結了婚就沒有愛了。傅家杰覺得姜大夫說得不對。他跟姜大夫說，他們都是新中國的新人，他們的生活是美好的，他們會像生活在花園裡一樣。

這時候，姜大夫的男朋友劉大夫也來祝賀陸文婷和傅家杰，他給陸文婷和傅家杰帶來了禮物。劉大夫請傅家杰告訴他，他是怎麼讓陸文婷和他結婚的，因爲姜大夫不想結婚。

陸文婷想，那時候的生活多美好啊！

第七景

在醫院裡，大夫們要傅家杰好好照顧陸文婷，可是傅家杰在研究所工作，工作很忙。現在他得照顧兩個孩子，也得照顧陸文婷，很困難。趙院長知道了這些情況，就請醫院找人照顧陸文婷。

趙院長和孫大夫從病房走了出來。他們一邊走一邊說，像陸文婷這樣的中年

第四景

很多年以前，傅家杰来医院看病，陆文婷是他的大夫，她给傅家杰做了手术。有一天，陆文婷拿开了傅家杰眼睛上的布，问他看得见看不见。傅家杰的眼睛看得见了，他的眼睛好了。傅家杰很感谢陆文婷，他也爱上了陆文婷。

第五景

以后，陆文婷和傅家杰常在河边、在树林里、在小山上、走着、谈着。傅家杰常常念诗给陆文婷听。冬天到了，下雪了。他们两人在公园里走着。陆文婷问傅家杰做科学工作的人怎么也有时间读诗。她又说她不懂诗。傅家杰回答说，陆文婷的工作就像诗一样，她能治好很多，很多人的眼睛。

第六景

傅家杰和陆文婷要结婚了，他们正高兴地整理着东西。姜大夫来看他们，她不想结婚。她说结了婚就没有爱了。傅家杰觉得姜大夫说得不对。他跟姜大夫说，他们都是新中国的新人，他们的生活是美好的，他们会像生活在花园里一样。

这时候，姜大夫的男朋友刘大夫也来祝贺陆文婷和傅家杰，他给陆文婷和傅家杰带来了礼物。刘大夫请傅家杰告诉他，他是怎么让陆文婷和他结婚的，因为姜大夫不想结婚。

陆文婷想，那时候的生活多美好啊！

第七景

在医院里，大夫们要傅家杰好好照顾陆文婷，可是傅家杰在研究所工作，工作很忙。现在他得照顾两个孩子，也得照顾陆文婷，很困难。赵院长知道了这些情况，就请医院找人照顾陆文婷。

赵院长和孙大夫从病房走了出来。他们一边走一边说，像陆文婷这样的中年大夫在醫院裡很重要。他們工作很緊張，家裡的事也很多，可是每個月只有五十六塊半，錢太少了。趙院長又問孫大夫陸文婷以前身體很好，爲甚麼忽然會有心臟病。孫大夫告訴趙院長，陸文婷昨天上午做了三個手術。趙院長說怎麼能讓她一天做三個手術呢。孫大夫說，有一個手術還是趙院長叫她做的。趙院長想起來了。他記得有一天，他請陸文婷來，要她給焦部長的眼睛做手術。焦部長和他的太太也在那兒。焦太太問了陸文婷很多問題。她問陸文婷工作了幾年，身體好不好。趙院長告訴焦太太陸文婷工作了十八年。她手術做得很好，身體也很好。焦太太還不放心，又問陸文婷是不是一定能做好這個手術。陸文婷看着趙院長不知道怎麼回答。正在這個時候，有人找陸文婷，她就走了。

陸文婷走了以後。趙院長問焦太太是不是就讓陸文婷給焦部長做手術。焦太太不高興，因爲陸文婷不是有名的大夫。焦部長有點兒不高興。他想他太太這樣做不好。焦太太又問趙院長能不能請孫大夫給焦部長做手術。趙院長說，孫大夫已經七十多歲了，他的眼睛不好，不能做手術了。焦太太又要請郭大夫做手術。趙院長告訴她郭大夫和他太太去外國了。焦部長聽了，心裡有點兒難過。他想二十年以前，很多像趙院長這樣有名的大夫從外國回來了，可是二十年以後的今天，中國的大夫又到外國去了。

焦部長又說，他到這個醫院來做手術，因爲他以前在這兒做過眼睛手術，可是他不知道那位做手術的大夫是誰。

第八景

張大爺是陸文婷的病人，他的眼睛已經看不見了，可是他的耳朵很好。他聽見陸大夫來了很高興。張大爺告訴陸大夫他要回家去了。他沒有錢在北京等着做手術。他想回到農村，別人會照顧他，給他一些容易做的工作做。陸文婷請張大爺再等一等，等做手術的東西來了，就馬上給他做手術。張大爺很感謝陸大夫，他決定再等一等。

第九景

王小曼也是陸文婷的病人。她看見陸文婷就走了過來。王小曼怕做手術。陸文婷告訴她，做手術的時候給她打一針以後，就一點兒也不痛了。手術以後，大夫在医院里很重要。他们工作很紧张，家里的事也很多，可是每个月只有五十六块半，钱太少了。赵院长又问孙大夫陆文婷以前身体很好，为甚么忽然会有心脏病。孙大夫告诉赵院长，陆文婷昨天上午做了三个手术。赵院长说怎么能让她一天做三个手术呢。孙大夫说，有一个手术还是赵院长叫她做的。赵院长想起来了。他记得有一天，他请陆文婷来，要她给焦部长的眼睛做手术。焦部长和他的太太也在那儿。焦太太问了陆文婷很多问题。她问陆文婷工作了几年，身体好不好。赵院长告诉焦太太陆文婷工作了十八年。她手术做得很好，身体也很好。焦太太还不放心，又问陆文婷是不是一定能做好这个手术。陆文婷看着赵院长不知道怎么回答。正在这个时候，有人找陆文婷，她就走了。

陆文婷走了以后。赵院长问焦太太是不是就让陆文婷给焦部长做手术。焦太太不高兴，因为陆文婷不是有名的大夫。焦部长有点儿不高兴。他想他太太这样做不好。焦太太又问赵院长能不能请孙大夫给焦部长做手术。赵院长说，孙大夫已经七十多岁了，他的眼睛不好，不能做手术了。焦太太又要请郭大夫做手术。赵院长告诉她郭大夫和他太太去外国了。焦部长听了，心里有点儿难过。他想二十年以前，很多像赵院长这样有名的大夫从外国回来了，可是二十年以后的今天，中国的大夫又到外国去了。

焦部长又说，他到这个医院来做手术，因为他以前在这儿做过眼睛手术，可是他不知道那位做手术的大夫是谁。

第八景

张大爷是陆文婷的病人，他的眼睛已经看不见了，可是他的耳朵很好。他听见陆大夫来了很高兴。张大爷告诉陆大夫他要回家去了。他没有钱在北京等着做手术。他想回到农村，别人会照顾他，给他一些容易做的工作做。陆文婷请张大爷再等一等做手术的东西来了，就马上给他做手术。张大爷很感谢陆大夫，他决定再等一等。

第九景

王小曼也是陆文婷的病人。她看见陆文婷就走了过来。王小曼怕做手术。陆文婷告诉她，做手术的时候给她打一针以后，就一点儿也不痛了。手术以后，她的眼睛就好了，就一定很好看。王小曼聽了陸文婷的話，高興地回病房去了。

有一天，陸文婷正在給病人看病，焦部長的太太坐着小汽車又來醫院找她。陸文婷很忙，就請焦太太等一等。焦太太有一點兒不高興。過了一會兒，焦太太看見陸文婷的病人一走，就走過去問陸文婷給焦部長做手術要做甚麼準備工作。這時候有人打電話找陸文婷，陸文婷就去接電話了。

電話是陸文婷女兒的老師打來的。老師告訴陸文婷她女兒佳佳病了，發燒。佳佳要找媽媽，老師請陸文婷快去看看女兒。可是陸文婷現在還有病人，她不能走，所以她放下電話就給傅家杰打電話　。她想讓傅家杰去看女兒，可是傅家杰不在。

陸文婷心裡想着佳佳，可是焦太太還跟陸文婷不停地說話。陸文婷告訴焦太太，焦部長的手術是一個小手術，不需要太多的準備。焦太太聽了很不高興。她說陸文婷應該多做準備，得小心。陸文婷甚麼也沒說，她心裡想着別的病人，老的，小的，她還想着她的女兒...

時間不早了，姜大夫要幫陸文婷看幾個病人，陸文婷說，不用了。焦太太還在說焦部長做手術的事。有幾個病人也還在等陸文婷看病。他們等了很長時間了。陸文婷請焦太太回家，她說焦部長的手術等焦部長來了再說。焦太太只好坐上小汽車走了。

第十景

陸文婷離開醫院就急急忙忙跑去看女兒佳佳。老師見了陸文婷不太高興，問她爲甚麼這麼晚才來。佳佳睡在小床上，哭着要找媽媽。佳佳見了媽媽，要跟媽媽一起回家。陸文婷心裡很難過。她帶着佳佳去看病。大夫說佳佳得了肺炎，要好好休息幾天。大夫還給佳佳打了一針。看了病，陸文婷帶着佳佳往家走。走着，走着，陸文婷又想起了醫院裡有很多病人在等她，她想再送佳佳去老師那兒。佳佳不想去就哭了。陸文婷只好帶着佳佳回家了。

第十一景

陸文婷帶着佳佳回家，兒子圓圓不大高興，因爲他媽媽這麼晚才回來。圓圓跟媽媽說，他們學校要開運動會，得穿白球鞋，可是他沒有白球鞋。

她的眼睛就好了，就一定很好看。王小曼听了陆文婷的话，高兴地回病房去了。

有一天，陆文婷正在给病人看病，焦部长的太太坐着小汽车又来医院找她。陆文婷很忙，就请焦太太等一等。焦太太有一点儿不高兴。过了一会儿，焦太太看见陆文婷的病人一走，就走过去问陆文婷给焦部长做手术要做甚么准备工作。这时候有人打电话找陆文婷，陆文婷就去接电话了。

电话是陆文婷女儿的老师打来的。老师告诉陆文婷她女儿佳佳病了，发烧。佳佳要找妈妈，老师请陆文婷快去看看女儿。可是陆文婷现在还有病人，她不能走，所以她放下电话就给傅家杰打电话 。她想让傅家杰去看女儿，可是傅家杰不在。

陆文婷心里想着佳佳，可是焦太太还跟陆文婷不停地说话。陆文婷告诉焦太太，焦部长的手术是一个小手术，不需要太多的准备。焦太太听了很不高兴。她说陆文婷应该多做准备，得小心。陆文婷甚么也没说，她心里想着别的病人，老的，小的，她还想着她的女儿...

时间不早了，姜大夫要帮陆文婷看几个病人，陆文婷说，不用了。焦太太还在说焦部长做手术的事。有几个病人也还在等陆文婷看病。他们等了很长时间了。陆文婷请焦太太回家，她说焦部长的手术等焦部长来了再说。焦太太只好坐上小汽车走了。

第十景

陆文婷离开医院就急急忙忙跑去看女儿佳佳。老师见了陆文婷不太高兴，问她为甚么这么晚才来。佳佳睡在小床上，哭着要找妈妈。佳佳见了妈妈，要跟妈妈一起回家。陆文婷心里很难过。她带着佳佳去看病。大夫说佳佳得了肺炎，要好好休息几天。大夫还给佳佳打了一针。看了病，陆文婷带着佳佳往家走。走着，走着，陆文婷又想起了医院里有很多病人在等她，她想再送佳佳去老师那儿。佳佳不想去就哭了。陆文婷只好带着佳佳回家了。

第十一景

陆文婷带着佳佳回家，儿子圆圆不大高兴，因为他妈妈这么晚才回来。圆圆跟妈妈说，他们学校要开运动会，得穿白球鞋，可是他没有白球鞋。

這時候已經一點多了。圓圓上學要晚了，他讓媽媽快做飯。陸文婷很累，就說了圓圓幾句，圓圓哭了。陸文婷很難過。家裡甚麼吃的東西都沒有了，陸文婷就給了兒子一點兒錢，讓他買一點兒東西吃。圓圓問媽媽吃甚麼，陸文婷說她不餓，甚麼也不想吃。圓圓拿着錢走了。陸文婷覺得自己剛才不應該罵兒子。一會兒兒子回來了。他也給媽媽買了兩個燒餅。他放下燒餅，沒說話就走了。陸文婷一邊吃一邊哭。她又想起了過去的生活。

第十二景

陸文婷和傅家杰剛結婚的時候，生活得很好。雖然他們家裡沒有很多東西，但是他們有很多書，還有很多時間。那時候多好啊！晚上倆人一起看書，學習，可是這樣的日子很快就過去了。

第十三景

陸文婷和傅家杰有了兩個孩子。後來文化大革命開始了，每個人的生活都變了。陸文婷在醫院裡有了麻煩。她讓姜大夫不要告訴傅家杰，因爲傅家杰自己在研究所也有麻煩。那時候，每個人都不知道爲甚麼會有這樣的事。陸文婷甚麼都不怕。她想，只要自己還是一個大夫，能給病人看眼睛就行了。

第十四景

陸文婷想着過去，看着正在睡覺的佳佳，心裡想生活真苦啊！可能真的像姜大夫說的不應該結婚？

這時候，鄰居陳大媽來了。陳大媽知道佳佳病了，陸文婷不能去工作，就熱情地幫助陸文婷照顧佳佳。陸文婷很感謝陳大媽，說了聲“謝謝”就又去醫院工作了。

醫院裡的病人真多。老的、小的、男的、女的，都在等陸文婷。陸文婷開始緊張地工作了。她看了一個病人，又一個病人。這一天，陸文婷看完了病人又很晚了，她累極了。

这时候已经一点多了。圆圆上学要晚了，他让妈妈快做饭。陆文婷很累，就说了圆圆几句，圆圆哭了。陆文婷很难过。家里甚么吃的东西都没有了，陆文婷就给了儿子一点儿钱，让他买一点儿东西吃。圆圆问妈妈吃甚么，陆文婷说她不饿，甚么也不想吃。圆圆拿着钱走了。陆文婷觉得自己刚才不应该骂儿子。一会儿儿子回来了。他也给妈妈买了两个烧饼。他放下烧饼，没说话就走了。陆文婷一边吃一边哭。她又想起了过去的生活。

第十二景

陆文婷和傅家杰刚结婚的时候，生活得很好。虽然他们家里没有很多东西，但是他们有很多书，还有很多时间。那时候多好啊！晚上俩人一起看书，学习，可是这样的日子很快就过去了。

第十三景

陆文婷和傅家杰有了两个孩子。后来文化大革命开始了，每个人的生活都变了。陆文婷在医院里有了麻烦。她让姜大夫不要告诉傅家杰，因为傅家杰自己在研究所也有麻烦。那时候，每个人都不知道为甚么会有这样的事。陆文婷甚么都不怕。她想，只要自己还是一个大夫，能给病人看眼睛就行了。

第十四景

陆文婷想着过去，看着正在睡觉的佳佳，心里想生活真苦啊！可能真的像姜大夫说的不应该结婚？

这时候，邻居陈大妈来了。陈大妈知道佳佳病了，陆文婷不能去工作，就热情地帮助陆文婷照顾佳佳。陆文婷很感谢陈大妈，说了声“谢谢”就又去医院工作了。

医院里的病人真多。老的、小的、男的、女的，都在等陆文婷。陆文婷开始紧张地工作了。她看了一个病人，又一个病人。这一天，陆文婷看完了病人又很晚了，她累极了。

陸文婷回到家裡，看見陳大媽正在和佳佳玩呢，佳佳說她長大了要當科學家。陸文婷笑了。陳大媽看見陸文婷回來了，就走了。陸文婷對佳佳說她不是一個好媽媽，因爲她總是很忙，沒有照顧好佳佳和圓圓。

傅家杰也買了一些菜回來了。他看見佳佳在家，才知道佳佳病了。傅家杰要陸文婷照顧佳佳，好好休息一會兒，他自己做飯。陸文婷要幫助傅家杰做飯，可是傅家杰不讓她做。

過了一會兒，姜大夫和她丈夫劉大夫來了。他們來告訴陸文婷和傅家杰，他們要去加拿大了，護照已經辦好了。姜大夫以前沒有告訴陸文婷這件事，因爲她怕陸文婷會勸她不要走。那樣，他們可能真的會不想走了。姜大夫送給圓圓一個小禮物，圓圓很高興，就去鄰居家看電視了。一會兒，圓圓從鄰居家拿來一把椅子，因爲他們家來客人的時候，椅子就不够了。

傅家杰問劉大夫他們要去加拿大多長時間。劉大夫說，他們也不知道，可能他們不回來了。他們四個人坐着，互相看看，很長時間沒有說話。陸文婷還想勸他們不要走。劉大夫說，他也沒想到自己這麼大歲數了，還去外國，也許死在外國，可是文化大革命這幾年，他們一家吃了很多苦，他們心裡真的很苦。傅家杰也希望他們不要走。他說，以後會好的。劉大夫說，他們等不及了，他們的女兒也等不了了。陸文婷從來不喝酒，今天晚上也要敬姜大夫和劉大夫一杯。劉大夫說，他敬中國優秀的眼科大夫陸文婷一杯。姜大夫也要爲以後的眼科專家陸文婷、爲他們的友誼乾杯。

陸文婷很不好意思。她想她自己沒做甚麼大事。劉大夫說，陸文婷做了很多工作，可是生活很苦。像牛一樣，吃的是草，給別人的是奶。在中國這樣的人太多了。中國的偉大就是因爲有很多這樣的人啊。陸文婷說自己不是一個好太太，常常讓先生做飯，做家務。她想自己也不是一個好媽媽，沒有照顧好兩個孩子。

傅家杰把自己做的菜拿來，讓大家嚐嚐。劉大夫說，醫院趙院長應該知道，因爲陸文婷的工作太忙，家裡人吃了很多苦。傅家杰說，當一個大夫的愛人很不容易。他不能不做家事。有時候陸文婷還得離家去農村看病，就是在醫院工作，每天回家也累極了。有時候她的手都動不了了。劉大夫看大家都很難過，就開玩笑說，傅家杰很偉大，不但會研究科學，還會做飯，做家裡的事。傅家杰說，這些都是在文化大革命中學的。傅家杰做的菜很好吃，劉大夫說，他可以當老板了。可是傅家杰說，他應該去當“男佣人”，可以都掙一點錢，不知道誰家陆文婷回到家里，看见陈大妈正在和佳佳玩呢，佳佳说她长大了要当科学家。陆文婷笑了。陈大妈看见陆文婷回来了，就走了。陆文婷对佳佳说她不是一个好妈妈，因为她总是很忙，没有照顾好佳佳和圆圆。

傅家杰也买了一些菜回来了。他看见佳佳在家，才知道佳佳病了。傅家杰要陆文婷照顾佳佳，好好休息一会儿，他自己做饭。陆文婷要帮助傅家杰做饭，可是傅家杰不让她做。

过了一会儿，姜大夫和她丈夫刘大夫来了。他们来告诉陆文婷和傅家杰，他们要去加拿大了，护照已经办好了。姜大夫以前没有告诉陆文婷这件事，因为她怕陆文婷会劝她不要走。那样，他们可能真的会不想走了。姜大夫送给圆圆一个小礼物，圆圆很高兴，就去邻居家看电视了。一会儿，圆圆从邻居家拿来一把椅子，因为他们家来客人的时候，椅子就不够了。

傅家杰问刘大夫他们要去加拿大多长时间。刘大夫说，他们也不知道，可能他们不回来了。他们四个人坐着，互相看看，很长时间没有说话。陆文婷还想劝他们不要走。刘大夫说，他也没想到自己这么大岁数了，还去外国，也许死在外国，可是文化大革命这几年，他们一家吃了很多苦，他们心里真的很苦。傅家杰也希望他们不要走。他说，以后会好的。刘大夫说，他们等不及了，他们的女儿也等不了了。陆文婷从来不喝酒，今天晚上也要敬姜大夫和刘大夫一杯。刘大夫说，他敬中国优秀的眼科大夫陆文婷一杯。姜大夫也要为以后的眼科专家陆文婷、为他们的友谊干杯。

陆文婷很不好意思。她想她自己没做甚么大事。刘大夫说，陆文婷做了很多工作，可是生活很苦。像牛一样，吃的是草，给别人的是奶。在中国这样的人太多了。中国的伟大就是因为有很多这样的人啊。陆文婷说自己不是一个好太太，常常让先生做饭，做家务。她想自己也不是一个好妈妈，没有照顾好两个孩子。

傅家杰把自己做的菜拿来，让大家尝尝。刘大夫说，医院赵院长应该知道，因为陆文婷的工作太忙，家里人吃了很多苦。傅家杰说，当一个大夫的爱人很不容易。他不能不做家事。有时候陆文婷还得离家去农村看病，就是在医院工作，每天回家也累极了。有时候她的手都动不了了。刘大夫看大家都很难过，就开玩笑说，傅家杰很伟大，不但会研究科学，还会做饭，做家里的事。傅家杰说，这些都是在文化大革命中学的。傅家杰做的菜很好吃，刘大夫说，他可以当老板了。可是傅家杰说，他应该去当“男佣人”，可以都挣一点钱，不知道谁家需要。他們説可以登一個廣告。傅家杰説：「我大學畢業，懂兩門外語，會做飯，男人的事、女人的事都會做，身體也很好，是個很好的男佣人。」

陸文婷甚麼也沒説，她只是聽着別的人説。

現在中年人在哪方面都很重要；在醫院、研究所、學校、工廠，他們做的都是最難的工作。姜大夫覺得她丈夫沒用的話説得太多，當大夫就給病人看病，不要管別的事，可是劉大夫很關心中年人的問題。他説像他們這些中年人，在文化大革命的十年中，沒有做甚麼事，現在國家要他們做事了，可是他們的身體沒有以前好了。

第十五景

客人都走了。傅家杰睡在床上，在想事兒。陸文婷問他在想甚麼。傅家杰説他想他自己已經是沒有甚麼用的人了。陸文婷聽了，心裡很難過。她想都是自己不好，只想當個好大夫，所以就沒有好好地照顧先生和孩子。傅家杰想陸文婷爲了當個好大夫，吃了很多苦。他願意幫助陸文婷當一個很好的大夫。陸文婷太累了，她睡着了。

第十六景

陸文婷去焦部長病房看他，焦部長不在，去檢查身體了。焦太太請陸文婷吃老朋友送來的橘子。她想要陸文婷給焦部長用一種新的方法，陸文婷説這種方法現在正在試驗所，所以最好不要用。

焦部長檢查完身體回到病房。焦太太想焦部長去了很長時間。焦部長也認爲做眼睛手術不需要做這麼多檢查。焦部長的身體很好，只是血壓有一點兒高，做眼睛手術沒甚麼問題。陸文婷又問焦部長這幾天咳嗽不咳嗽。焦部長説不咳嗽。陸文婷請焦部長做手術以前不要吸煙。如果做手術的時候咳嗽，就會有麻煩。焦部長記得以前他做手術的時候有過麻煩。

第十七景

需要。他们说可以登一个广告。傅家杰说：「我大学毕业，懂两门外语，会做饭，男人的事、女人的事都会做，身体也很好，是个很好的男佣人。」

陆文婷甚么也没说，她只是听着别的人说。

现在中年人在哪方面都很重要；在医院、研究所、学校、工厂，他们做的都是最难的工作。姜大夫觉得她丈夫没用的话说得太多，当大夫就给病人看病，不要管别的事，可是刘大夫很关心中年人的问题。他说像他们这些中年人，在文化大革命的十年中，没有做甚么事，现在国家要他们做事了，可是他们的身体没有以前好了。

第十五景

客人都走了。傅家杰睡在床上，在想事儿。陆文婷问他在想甚么。傅家杰说他想他自己已经是没有甚么用的人了。陆文婷听了，心里很难过。她想都是自己不好，只想当个好大夫，所以就没有好好地照顾先生和孩子。傅家杰想陆文婷为了当个好大夫，吃了很多苦。他愿意帮助陆文婷当一个很好的大夫。陆文婷太累了，她睡着了。

第十六景

陆文婷去焦部长病房看他，焦部长不在，去检查身体了。焦太太请陆文婷吃老朋友送来的橘子。她想要陆文婷给焦部长用一种新的方法，陆文婷说这种方法现在正在试验所，所以最好不要用。

焦部长检查完身体回到病房。焦太太想焦部长去了很长时间。焦部长也认为做眼睛手术不需要做这么多检查。焦部长的身体很好，只是血压有一点儿高，做眼睛手术没甚么问题。陆文婷又问焦部长这几天咳嗽不咳嗽。焦部长说不咳嗽。陆文婷请焦部长做手术以前不要吸烟。如果做手术的时候咳嗽，就会有麻烦。焦部长记得以前他做手术的时候有过麻烦。

第十七景

陸文婷想起來了。那是文化大革命的時候。有一天，陸文婷正在給焦部長做手術，外邊進來了很多年輕人。他們不讓陸文婷做手術，說焦部長是壞人。陸文婷不聽這些人的話，還請他們出去。焦部長那時候也叫陸文婷不要做手術了，他怕這事會給陸文婷麻煩，別人會說陸文婷也是壞人，可是陸文婷不怕，她繼續給焦部長做手術。

第十八景

現在焦部長還不知道，文化大革命中給他做手術的那位大夫是誰，但他知道是一位女大夫。焦太太說，如果這次還是那個女大夫給焦部長做手術就好了。陸文婷沒有告訴他們，那個給焦部長做手術的大夫就是她。焦太太見陸文婷沒有說話，就對她說，醫院這次讓她給焦部長做手術是信任她。陸文婷又給焦部長檢查了一下眼睛，她告訴焦部長，後天給他做手術。焦太太要用焦部長的小車送陸文婷回家，陸文婷說，“不用了。”

第十九景

陸文婷坐公共汽車回家的時候，傅家杰正在做飯。陸文婷幫助他一起做飯。晚上孩子們都睡了。傅家杰洗衣服，陸文婷給女兒做衣服。他們家只有一個房間，一張桌子，陸文婷讓傅家杰用桌子看書，寫東西。陸文婷明天上午要做兩個手術，她不放心，要去醫院看看。外邊天很黑，下着雨。陸文婷去醫院了。傅家杰在家幫助陸文婷做好了佳佳的衣服。

陸文婷到了醫院就忙着看病人，給病人檢查，準備第二天的手術。傅家杰在家看書，寫東西。

第二十景

這天晚上，陸文婷很晚才回家。回家以後，陸文婷很累，就睡了。傅家杰還在看書，他也想睡，可是文化大革命的十年裡，他甚麼科學工作也沒做，現在他不能不努力。陸文婷沒睡着，她想讓傅家杰去住研究所。那樣，傅家杰陆文婷想起来了。那是文化大革命的时候。有一天，陆文婷正在给焦部长做手术，外边进来了很多年轻人。他们不让陆文婷做手术，说焦部长是坏人。陆文婷不听这些人的话，还请他们出去。焦部长那时候也叫陆文婷不要做手术了，他怕这事会给陆文婷麻烦，别人会说陆文婷也是坏人，可是陆文婷不怕，她继续给焦部长做手术。

第十八景

现在焦部长还不知道，文化大革命中给他做手术的那位大夫是谁，但他知道是一位女大夫。焦太太说，如果这次还是那个女大夫给焦部长做手术就好了。陆文婷没有告诉他们，那个给焦部长做手术的大夫就是她。焦太太见陆文婷没有说话，就对她说，医院这次让她给焦部长做手术是信任她。陆文婷又给焦部长检查了一下眼睛，她告诉焦部长，后天给他做手术。焦太太要用焦部长的小车送陆文婷回家，陆文婷说，“不用了。”

第十九景

陆文婷坐公共汽车回家的时候，傅家杰正在做饭。陆文婷帮助他一起做饭。晚上孩子们都睡了。傅家杰洗衣服，陆文婷给女儿做衣服。他们家只有一个房间，一张桌子，陆文婷让傅家杰用桌子看书，写东西。陆文婷明天上午要做两个手术，她不放心，要去医院看看。外边天很黑，下着雨。陆文婷去医院了。傅家杰在家帮助陆文婷做好了佳佳的衣服。

陆文婷到了医院就忙着看病人，给病人检查，准备第二天的手术。傅家杰在家看书，写东西。

第二十景

这天晚上，陆文婷很晚才回家。回家以后，陆文婷很累，就睡了。傅家杰还在看书，他也想睡，可是文化大革命的十年里，他甚么科学工作也没做，现在他不能不努力。陆文婷没睡着，她想让傅家杰去住研究所。那样，傅家杰就會有多一點的時間看書，寫東西，他會是一個很好的科學家的。現在傅家杰住在家裡，每天要照顧孩子，做飯，没有時間做研究。陸文婷讓傅家杰放心，她一個人會照顧好兩個孩子的。傅家杰先不同意，最後說從明天開始，他試試。

在中國，像陸文婷，傅家杰這樣的人要做一點兒事真不容易！

第二十一景

第二天中午，陸文婷在醫院裡開始了一天緊張的工作。這時候，孫大夫來了。他告訴陸文婷，張大爺做手術的東西來了。陸文婷很高興，她說上午就給張大爺做手術。孫大夫問陸文婷，一上午做三個手術，身體行不行。陸文婷說，"行"。姜大夫覺得陸文婷一上午做三個手術太累，可是陸文婷說没關係。姜大夫告訴陸文婷，他們去加拿大的飛機票已經買好了，他們很快就要走了。

第二十二景

她第一個手術是給焦部長做，就要開始了。陸文婷告訴他不要緊張，打了針就不會痛，手術一會兒就做好了。焦部長聽了陸文婷說的話，想起文化大革命的時候，給他做手術的那個大夫就是陸文婷，因爲她的聲音和說的話都一樣。焦部長很感謝陸文婷。陸文婷笑笑，没說甚麼。手術開始了。一會兒，焦部長要咳嗽，真緊張。陸文婷告訴焦部長怎樣哈氣，又爲他縫上了刀口，讓他咳嗽。可是他又不要咳嗽了。陸文婷接着做手術，最後做完了。

第二十三景

焦部長的手術做好了，他很感謝陸文婷。陸文婷換了衣服就給王小曼作手術。姜大夫怕陸文婷太累，要幫助陸文婷做手術，可是王小曼害怕，陸文婷想最好還是她給王小曼做手術。

王小曼的手術也做完了。陸文婷累極了，她很不舒服，可是她不願意去休息。她想張大爺的手術不能等了，她開始做第三個手術。

就会有多一点的时间看书，写东西，他会是一个很好的科学家的。现在傅家杰住在家里，每天要照顾孩子，做饭，没有时间做研究。陆文婷让傅家杰放心，她一个人会照顾好两个孩子的。傅家杰先不同意，最后说从明天开始，他试试。

在中国，像陆文婷，傅家杰这样的人要做一点儿事真不容易！

第二十一景

第二天中午，陆文婷在医院里开始了一天紧张的工作。这时候，孙大夫来了。他告诉陆文婷，张大爷做手术的东西来了。陆文婷很高兴，她说上午就给张大爷做手术。孙大夫问陆文婷，一上午做三个手术，身体行不行。陆文婷说，“行”。姜大夫觉得陆文婷一上午做三个手术太累，可是陆文婷说没关系。姜大夫告诉陆文婷，他们去加拿大的飞机票已经买好了，他们很快就要走了。

第二十二景

她第一个手术是给焦部长做，就要开始了。陆文婷告诉他不要紧张，打了针就不会痛，手术一会儿就做好了。焦部长听了陆文婷说的话，想起文化大革命的时候，给他做手术的那个大夫就是陆文婷，因为她的声音和说的话都一样。焦部长很感谢陆文婷。陆文婷笑笑，没说甚么。手术开始了。一会儿，焦部长要咳嗽，真紧张。陆文婷告诉焦部长怎样哈气，又为他缝上了刀口，让他咳嗽。可是他又不要咳嗽了。陆文婷接着做手术，最后做完了。

第二十三景

焦部长的手术做好了，他很感谢陆文婷。陆文婷换了衣服就给王小曼作手术。姜大夫怕陆文婷太累，要帮助陆文婷做手术，可是王小曼害怕，陆文婷想最好还是她给王小曼做手术。

王小曼的手术也做完了。陆文婷累极了，她很不舒服，可是她不愿意去休息。她想张大爷的手术不能等了，她开始做第三个手术。

第二十四景

張大爺在手術房裡要做手術了。他說，以前他不相信看不見的眼睛還能治好。張大爺的爸爸的眼睛看不見，死的時候也還是看不見。可是現在不一樣了。張大爺相信陸大夫能治好他的眼睛。張大爺聽見陸文婷走進來了，很高興。他的眼睛不好，可是耳朵很好。張大爺以爲陸文婷要給他換眼珠，陸文婷告訴他不是換眼珠是換眼睛上的一層膜。

手術開始了，很多大夫都來參觀陸文婷做手術。陸文婷讓張大爺不要說話，也不要緊張。

第二十五景

張大爺手術也做好了。他又能看見東西了。張大爺高興極了，他很感謝陸文婷。參觀陸文婷做手術的大夫們都說陸文婷手術做得好極了。陸文婷非常累，她很不舒服。姜大夫問她怎麼了。她笑了笑說，“沒甚麼”。 陸文婷讓姜大夫先回家，還說晚上要去姜大夫家看他們。

第二十六景

陸文婷離開醫院，慢慢地往家走。她累極了，走了一會兒，休息一會兒。她已經走不動了。這時候傅家杰騎着自行車回家來了。他不放心陸文婷一個人在家照顧孩子。傅家杰看見陸文婷很不舒服，就要送她去醫院。陸文婷說:「沒關係，就是一點累。」 回到家裡，傅家杰要陸文婷睡一會兒。陸文婷說，星期天他們應該和孩子們一起去公園玩玩。陸文婷想着、想着、就睡着了。

第二十七景

圓圓從學校回來了。他一進門就叫着媽媽，媽媽。傅家杰告訴圓圓，媽媽不舒服，睡着了。過了一會兒，陸文婷覺得很不舒服。傅家杰給她吃藥，可是陸文婷說她應該去醫院。

第二十四景

张大爷在手术房里要做手术了。他说，以前他不相信看不见的眼睛还能治好。张大爷的爸爸的眼睛看不见，死的时候也还是看不见。可是现在不一样了。张大爷相信陆大夫能治好他的眼睛。张大爷听见陆文婷走进来了，很高兴。他的眼睛不好，可是耳朵很好。张大爷以为陆文婷要给他换眼珠，陆文婷告诉他不是换眼珠是换眼睛上的一层膜。

手术开始了，很多大夫都来参观陆文婷做手术。陆文婷让张大爷不要说话，也不要紧张。

第二十五景

张大爷手术也做好了。他又能看见东西了。张大爷高兴极了，他很感谢陆文婷。参观陆文婷做手术的大夫们都说陆文婷手术做得好极了。陆文婷非常累，她很不舒服。姜大夫问她怎么了。她笑了笑说，“没甚么”。 陆文婷让姜大夫先回家，还说晚上要去姜大夫家看他们。

第二十六景

陆文婷离开医院，慢慢地往家走。她累极了，走了一会儿，休息一会儿。她已经走不动了。这时候傅家杰骑着自行车回家来了。他不放心陆文婷一个人在家照顾孩子。傅家杰看见陆文婷很不舒服，就要送她去医院。陆文婷说：「没关系，就是一点累。」 回到家里，傅家杰要陆文婷睡一会儿。陆文婷说，星期天他们应该和孩子们一起去公园玩玩。陆文婷想着、想着、就睡着了。

第二十七景

圆圆从学校回来了。他一进门就叫着妈妈，妈妈。傅家杰告诉圆圆，妈妈不舒服，睡着了。过了一会儿，陆文婷觉得很不舒服。傅家杰给她吃药，可是陆文婷说她应该去医院。

傅家杰跑出去打電話要汽車送陸文婷去醫院。汽車站的車沒有了，要等半小時。傅家杰又給陸文婷工作的醫院打電話，接電話人說，要是沒有領導的批准他們不能派車。傅家杰急了，他在路上看見一輛汽車，就要車停下來。車上的司機很生氣，可是他一聽是送病人去醫院就願意幫助他們。傅家杰把陸文婷送到了醫院。

第二十八景

陸文婷睡在醫院的病床上。她覺得自己太累了，走不動了。她想自己快死了。以前傅家杰爲她做了很多事，她常常想以後要給傅家杰做飯，要把家裡的桌子給傅家杰用，還要…現在晚了，甚麼事也不能做了，她要死了。陸文婷也不放心她的病人。他們在陸文婷的生活中是非常重要的。每一次她治好一隻眼睛就很高興。現在她真不願意死。

大夫們看見陸文婷的心臟跳動又不好了，馬上想辦法。傅家杰在旁邊不斷地叫着陸文婷的名字。

陸文婷沒有死。

第二十九景

王小曼知道陸文婷病了，她要去看陸大夫。王小曼說，陸大夫是爲了給她做手術才病的。可是護士說陸文婷需要休息，不能進去看她。張大爺也要去看陸大夫，他說陸大夫是爲了給他做手術才病的。護士也告訴張大爺，陸文婷需要休息，現在不許人進去。

王小曼看見孫大夫走來，就請孫大夫帶她去看陸大夫。孫大夫也說不行。張大爺走過來，告訴孫大夫，他不進去看陸大夫了，但是他要醫院想辦法治好陸大夫的病。張大爺說，陸大夫是個很好的眼科大夫。如果她的病好了，就能給更多的人治眼睛。張大爺要醫院爲陸大夫多花一些錢，給她好的藥。孫大夫說，醫院一定盡力給陸大夫治病。

第三十景

傅家杰跑出去打电话要汽车送陆文婷去医院。汽车站的车没有了，要等半小时。傅家杰又给陆文婷工作的医院打电话，接电话人说，要是没有领导的批准他们不能派车。傅家杰急了，他在路上看见一辆汽车，就要车停下来。车上的司机很生气，可是他一听是送病人去医院就愿意帮助他们。傅家杰把陆文婷送到了医院。

第二十八景

陆文婷睡在医院的病床上。她觉得自己太累了，走不动了。她想自己快死了。以前傅家杰为她做了很多事，她常常想以后要给傅家杰做饭，要把家里的桌子给傅家杰用，还要…现在晚了，甚么事也不能做了，她要死了。陆文婷也不放心她的病人。他们在陆文婷的生活中是非常重要的。每一次她治好一只眼睛就很高兴。现在她真不愿意死。

大夫们看见陆文婷的心脏跳动又不好了，马上想办法。傅家杰在旁边不断地叫着陆文婷的名字。

陆文婷没有死。

第二十九景

王小曼知道陆文婷病了，她要去看陆大夫。王小曼说，陆大夫是为了给她做手术才病的。可是护士说陆文婷需要休息，不能进去看她。张大爷也要去看陆大夫，他说陆大夫是为了给他做手术才病的。护士也告诉张大爷，陆文婷需要休息，现在不许人进去。

王小曼看见孙大夫走来，就请孙大夫带她去看陆大夫。孙大夫也说不行。张大爷走过来，告诉孙大夫，他不进去看陆大夫了，但是他要医院想办法治好陆大夫的病。张大爷说，陆大夫是个很好的眼科大夫。如果她的病好了，就能给更多的人治眼睛。张大爷要医院为陆大夫多花一些钱，给她好的药。孙大夫说，医院一定尽力给陆大夫治病。

第三十景

焦太太和趙院長一起來看陸文婷。焦太太問趙院長爲甚麼他以前不知道文化大革命的時候是陸文婷給焦部長做的手術。趙院長說，那時候他並不在醫院，他去農村了。他們倆來到陸文婷的床前。焦太太對陸文婷說，焦部長很感謝她，要來看她，是她不讓焦部長來的。焦太太又問陸文婷有甚麼困難，需不需要幫助。趙院長請焦太太不要多說話了，陸文婷需要休息。他們走出病房以後，焦太太對趙院長說，“醫院應該多關心像陸文婷這樣的中年大夫，他們很重要。”

傅家杰在陸文婷的床邊，問陸文婷想甚麼，要甚麼。傅家杰又想起了以前他對陸文婷說過的話，想起了他們倆在一起的美好生活。

陸文婷小聲地對傅家杰說，要給圓圓買一雙白球鞋，要照顧好佳佳。傅家杰覺得是自己沒有照顧好陸文婷就難過地哭了。

鄰居陳大媽在陸文婷家裡，照顧佳佳和圓圓。她還給兩個孩子做飯，兩個孩子很高興。

第三十一景

姜大夫和劉大夫來醫院看陸文婷。他們第二天早上就要離開中國去加拿大了。姜大夫看見陸文婷很難過，她哭了。

在去飛機場的路上，姜大夫問自己是不是應該到外國去。她和劉大夫都不想離開中國，可是他們都很怕以前的事會再發生。今天他們要走了，姜大夫又怕他們到了一個新的國家會怎麼樣呢？他們人雖然走了，可是心還留在中國。他們在哪兒都忘不了中國。陸文婷在醫院的病房裡對傅家杰說，姜大夫他們會回來的。

第三十二景

傅家杰去醫院接陸文婷回家。很多眼科的病人都來送陸文婷。張大爺，王小曼也來了。趙院長和孫大夫也來了。他們都要陸文婷回家好好休息，快點恢復健康。

焦太太和赵院长一起来看陆文婷。焦太太问赵院长为甚么他以前不知道文化大革命的时候是陆文婷给焦部长做的手术。赵院长说，那时候他并不在医院，他去农村了。他们俩来到陆文婷的床前。焦太太对陆文婷说，焦部长很感谢她，要来看她，是她不让焦部长来的。焦太太又问陆文婷有甚么困难，需不需要帮助。赵院长请焦太太不要多说话了，陆文婷需要休息。他们走出病房以后，焦太太对赵院长说，“医院应该多关心像陆文婷这样的中年大夫，他们很重要。”

傅家杰在陆文婷的床边，问陆文婷想甚么，要甚么。傅家杰又想起了以前他对陆文婷说过的话，想起了他们俩在一起的美好生活。

陆文婷小声地对傅家杰说，要给圆圆买一双白球鞋，要照顾好佳佳。傅家杰觉得是自己没有照顾好陆文婷就难过地哭了。

邻居陈大妈在陆文婷家里，照顾佳佳和圆圆。她还给两个孩子做饭，两个孩子很高兴。

第三十一景

姜大夫和刘大夫来医院看陆文婷。他们第二天早上就要离开中国去加拿大了。姜大夫看见陆文婷很难过，她哭了。

在去飞机场的路上，姜大夫问自己是不是应该到外国去。她和刘大夫都不想离开中国，可是他们都很怕以前的事会再发生。今天他们要走了，姜大夫又怕他们到了一个新的国家会怎么样呢？他们人虽然走了，可是心还留在中国。他们在哪儿都忘不了中国。陆文婷在医院的病房里对傅家杰说，姜大夫他们会回来的。

第三十二景

傅家杰去医院接陆文婷回家。很多眼科的病人都来送陆文婷。张大爷，王小曼也来了。赵院长和孙大夫也来了。他们都要陆文婷回家好好休息，快点恢复健康。

Index

拼音索引

人到中年 拼音索引

A

B

人到中年 拼音索引

bìnglì	病歷	18.3
bīng-dòng-sān-chǐ	冰凍三尺	7.41
bìrán	必然	14.132
bìshàng	閉上	20.4
bìxū	必須	2.26
bù xiāo	不肖	14.39
bù zhǔn	不准	2.29
bǔ huílái	補回來	20.3
bùjí-sīsuǒ	不及思索	31.7
bù néng gē	不能擱	23.11
búxìng	不幸	14.140

C

cáiliào	材料	8.14
cǎiqǔ	採取	9.9
cānguān	參觀	23.6
cǎo	草	14.63
chá zìdiǎn	查字典	2.16
chà buduō	差不多	14.94
chāi xiàn	拆線	23.5
cháng	嚐	16.4
chángchūn téng	常春藤	5.12
chǎng kāi	敞開	18.20
chángshì	嘗試	2.9
chànhuǐ	懺悔	28.6
chāo fùhè	超負荷	14.153
chèn zhí	稱職	14.74
chéngbǎo	城堡	6.12
chéngdān	承擔	14.7
chéngfèn lùn	成分論	18.14
chéngguǒ	成果	14.141
chénglì	成立	9.17
chéngxīn chéngyì de	誠心誠意地	14.54
chénzhòng	沉重	14.10

bìnglì	病历	18.3
bīng-dòng-sān-chǐ	冰冻三尺	7.41
bìrán	必然	14.132
bìshàng	闭上	20.4
bìxū	必须	2.26
bū xiāo	不肖	14.39
bù zhǔn	不准	2.29
bǔ huílái	补回来	20.3
bùjí-sīsuǒ	不及思索	31.7
bù néng gē	不能搁	23.11
búxìng	不幸	14.140

C

cáiliào	材料	8.14
cǎiqǔ	采取	9.9
cānguān	参观	23.6
cǎo	草	14.63
chá zìdiǎn	查字典	2.16
chà buduō	差不多	14.94
chāi xiàn	拆線	23.5
cháng	尝	16.4
chángchūn téng	常春藤	5.12
chǎng kāi	敞开	18.20
chángshì	尝试	2.9
chànhuǐ	忏悔	28.6
chāo fùhè	超负荷	14.153
chèn zhí	称职	14.74
chéngbǎo	城堡	6.12
chéngdān	承担	14.7
chéngfèn lùn	成分论	18.14
chéngguǒ	成果	14.141
chénglì	成立	9.17
chéngxīn chéngyì de	诚心诚意地	14.54
chénzhòng	沉重	14.10

chén-mò-bù-yǔ	沉默不語	31.10
chí dào	遲到	11.3
chīlì	吃力	2.17
chóng jiàn	重見	5.29
chōngdàn	沖淡	14.114
chóngchóng	重重	7.64
chōngfèn	充分	9.28
chōngmǎn	充滿	6.4
chōngpò	衝破	7.63
chōngshí	充實	12.11
chóu	愁	8.11
chōu rén	抽人	7.10
chōu yān	抽煙	16.16
chóumì	稠密	5.6
chuàn mér	串門兒	14.20
chuàngzào	創造	28.17
chúfáng	廚房	14.72
chūhàn	出汗	23.8
chūshēn	出身	18.11
cǐshí-cǐkè	此時此刻	14.112
cōngcōng	匆匆	12.14
cuī	催	11.4
cuòshī	措施	9.10
cuòwu	錯誤	14.3
cūxì	粗細	14.105

D

dǎ rù	打入	14.71
dǎ máyào	打麻藥	9.3
dà bàn bèizi	大半輩子	14.32
dāibú zhù	呆不住	24.16
dài pìn	待聘	14.99
dāi zài	呆在	2.28
dàiyù	待遇	14.161

chén-mò-bù-yǔ	沉默不语	31.10
chí dào	迟到	11.3
chīlì	吃力	2.17
chóng jiàn	重见	5.29
chōngdàn	冲淡	14.114
chóngchóng	重重	7.64
chōngfèn	充分	9.28
chōngmǎn	充满	6.4
chōngpò	冲破	7.63
chōngshí	充实	12.11
chóu	愁	8.11
chōu rén	抽人	7.10
chōu yān	抽烟	16.16
chóumì	稠密	5.6
chuàn mér	串门儿	14.20
chuàngzào	创造	28.17
chúfáng	厨房	14.72
chūhàn	出汗	23.8
chūshēn	出身	18.11
cǐshí-cǐkè	此时此刻	14.112
cōngcōng	匆匆	12.14
cuī	催	11.4
cuòshī	措施	9.10
cuòwu	错误	14.3
cūxì	粗细	14.105

D

dǎ rù	打入	14.71
dǎ máyào	打麻药	9.3
dà bàn bèizi	大半辈子	14.32
dāibú zhù	呆不住	24.16
dài pìn	待聘	14.99
dāi zài	呆在	2.28
dàiyù	待遇	14.161

dǎkāi	打開	16.19
dānxīn	擔心	9.38
dāndāng	擔當	14.125
dāng	當	14.14
dāngxīn	當心	8.15
dǎngyuán	黨員	7.55
dānwù	耽誤	14.144
dànzi	擔子	7.16
dāodao	叨叨	9.16
dǎting	打聽	14.97
dàzì bào	大字報	17.1
dēng	登	9.20
děng bùjí	等不及	14.49
diànshì	電視	14.30
diào-yǐ-qīng-xīn	掉以輕心	16.14
diē	爹	24.7
dǐng xiàlai	頂下來	21.2
dǐngzhe	頂着	14.123
dìqiú	地球	20.11
dīzhù	滴注	1.8
dòng dāo dòng jiǎn	動刀動剪	24.32
dòngluàn	動亂	14.143
dòngyáo	動搖	14.29
dú	讀	5.23
duànliè	斷裂	15.13
duó gāo	多高	24.26

E

é	額	5.15
è mèng	噩夢	31.3
è dùzi	餓肚子	20.13
ēnqíng	恩情	31.17
ér	而	6.7
éwài	額外	23.3

dǎkāi 打开 16.19
dānxīn 担心 9.38
dāndāng 担当 14.125
dāng 当 14.14
dāngxīn 当心 8.15
dǎngyuán 党员 7.55
dānwù 耽误 14.144
dànzi 担子 7.16
dāodao 叨叨 9.16
dǎting 打听 14.97
dàzì bào 大字报 17.1
dēng 登 9.20
děng bùjí 等不及 14.49
diànshì 电视 14.30
diǎo-yǐ-qīng-xīn 掉以轻心 16.14
diē 爹 24.7
dǐng xiàlai 顶下来 21.2
dǐngzhe 顶着 14.123
dìqiú 地球 20.11
dīzhù 滴注 1.8
dòng dāo dòng jiǎn 动刀动剪 24.32
dòngluàn 动乱 14.143
dōngyáo 动摇 14.29
dú 读 5.23
duànliè 断裂 15.13
duó gāo 多高 24.26

E

é 额 5.15
è mèng 噩梦 31.3
è dùzi 饿肚子 20.13
ēnqíng 恩情 31.17
ér 而 6.7
éwài 额外 23.3

F

fā láosāo	發牢騷	7.32
fā yìlùn	發議論	14.126
fā xūnzhāng	發勛章	14.79
fán	凡	9.25
fàn	犯	13.5
fán-shì-yù-zé-lì	凡事預則立	9.26
fǎndào	反倒	14.159
fáng'ài	妨礙	16.13
fāng'àn	方案	9.12
fánnǎo	煩惱	28.4
fánsǐrén	煩死人	2.24
fèi huà	廢話	15.5
fèixīn	費心	9.44
fèixū	廢墟	5.10
fēngbì	封閉	2.6
fēnghòu	豐厚	12.5
féngshàng	縫上	16.18
fénmù	墳墓	6.3
fù zhǔrèn	副主任	7.54
fùdān	負擔	7.17

G

gǎijìn	改進	14.135
gàn xiào	幹校	30.3
gān yi bēi	乾一杯	14.56
gǎnjué	感覺	22.1
gǎn dào	感到	14.147
gǎn míngr	趕明兒	14.15
gǎnqing	敢情	8.8
gàobié	告別	14.21
gāo lùn	高論	14.138

F

fā láosāo	发牢骚	7.32
fā yìlùn	发议论	14.126
fā xūnzhāng	发勋章	14.79
fán	凡	9.25
fàn	犯	13.5
fán-shì-yù-zé-lì	凡事预则立	9.26
fǎndào	反倒	14.159
fáng'ài	妨碍	16.13
fāng'àn	方案	9.12
fánnǎo	烦恼	28.4
fánsǐrén	烦死人	2.24
fèi huà	废话	15.5
fèixīn	费心	9.44
fèixū	废墟	5.10
fēngbì	封闭	2.6
fēnghòu	丰厚	12.5
féngshàng	缝上	16.18
fénmù	坟墓	6.3
fù zhǔrèn	副主任	7.54
fùdān	负担	7.17

G

gǎijìn	改进	14.135
gàn xiào	干校	30.3
gān yi bēi	干一杯	14.56
gǎnjué	感觉	22.1
gǎn dào	感到	14.147
gǎn míngr	赶明儿	14.15
gǎnqing	敢情	8.8
gàobié	告别	14.21
gāo lùn	高论	14.138

gǎo	搞	5.25
gē	擱	5.31
gòngchǎn zhǔyì	共產主義	14.90
gōngxǐ	恭喜	6.8
gōngxià	攻下	6.11
gòngxiàn	貢獻	18.19
gōngzī	工資	7.24
gǔ huī	骨灰	14.33
gù guó	故國	31.16
gù	僱	14.98
guài	怪	15.2
guāiguāi	乖乖	3.1
guánggào	廣告	14.100
guāngmíng	光明	5.30
guānhuái	關懷	28.11
guānliáo zhǔyì	官僚主義	30.1
gūfù	辜負	18.6
gǔgàn	骨干	7.14
guī guó huáqiáo	歸國華僑	7.61
guì fāng	貴方	14.25
guì	跪	28.7
guīju	規矩	24.6
gūniang	姑娘	24.1
guódù	國度	31.13
guòyì-búqù	過意不去	8.1

H

hàipà	害怕	9.1
hǎoshǐ	好使	24.22
hǎozài	好在	14.42
hēqì	呵氣	22.5
hē zuì	喝醉	14.53
hēi'àn	黑暗	14.43

gǎo	搞	5.25
gē	搁	5.31
gòngchǎn zhǔyì	共产主义	14.90
gōngxǐ	恭喜	6.8
gōngxià	攻下	6.11
gòngxiàn	贡献	18.19
gōngzī	工资	7.24
gǔ huī	骨灰	14.33
gù guó	故国	31.16
gù	雇	14.98
guài	怪	15.2
guāiguāi	乖乖	3.1
guǎnggào	广告	14.100
guāngmíng	光明	5.30
guānhuái	关怀	28.11
guānliáo zhǔyì	官僚主义	30.1
gūfù	辜负	18.6
gǔgàn	骨干	7.14
guī guó huáqiáo	归国华侨	7.61
guì fāng	贵方	14.25
guì	跪	28.7
guīju	规矩	24.6
gūniang	姑娘	24.1
guódù	国度	31.13
guòyì-búqù	过意不去	8.1

H

hàipà	害怕	9.1
hǎoshǐ	好使	24.22
hǎozài	好在	14.42
hēqì	呵气	22.5
hē zuì	喝醉	14.53
hēi'àn	黑暗	14.43

hǹg	哼	2.31
huā běnqián	花本錢	29.8
huái-cái-bú-yù	懷才不遇	14.156
huānglíng	荒林	5.4
huángjīn-suìyuè	黃金歲月	14.142
huāngliáng	荒涼	5.14
huànxiáng	幻想	5.26
huàqīng-jièxiàn	劃清界限	18.18
hùlǐ	護理	7.9
hún	魂	19.6
huò-jí-yú-nǐ	禍及於你	17.3
huòxǔ	或許	14.2
hùzhào	護照	14.23

J

jǐ nǎi	擠奶	14.66
jǐ	擠	14.64
jiān	兼	14.104
jiānbǎng	肩膀	14.6
jiànde liàng	見得亮	24.10
jiānduān jìshù	尖端技術	14.87
jiānfù qǐ	肩負起	14.145
jiāng	將	6.6
jiànguài	見怪	18.4
jiānnán	艱難	14.1
jiānqiáng	堅強	15.6
jiānshì	監視	7.1
jiǎnzhí	簡直	2.32
jiǎomó	角膜	21.1
jiǎomó yízhí	角膜移植	7.43
jiǎomó cáiliào	角膜材料	23.10
jiàoxùn	教訓	7.66
jiǎozhèng	矯正	9.6
jiào-kǔ-lián-tiān	叫苦連天	14.160

hǹg 哼 2.31

huā běnqián 花本钱 29.8

huái-cái-bú-yù 怀才不遇 14.156

huānglíng 荒林 5.4

huángjīn-suìyuè 黄金岁月 14.142

huāngliáng 荒凉 5.14

huànxiǎng 幻想 5.26

huàqīng-jièxiàn 划清界限 18.18

hùlǐ 护理 7.9

hún 魂 19.6

huò-jí-yú-nǐ 祸及于你 17.3

huòxǔ 或许 14.2

hùzhào 护照 14.23

J

jǐ nǎi 挤奶 14.66

jǐ 挤 14.64

jiān 兼 14.104

jiānbǎng 肩膀 14.6

jiànde liàng 见得亮 24.10

jiānduān jìshù 尖端技术 14.87

jiānfù qǐ 肩负起 14.145

jiāng 将 6.6

jiànguài 见怪 18.4

jiānnán 艰难 14.1

jiānqiáng 坚强 15.6

jiānshì 监视 7.1

jiǎnzhí 简直 2.32

jiǎomó 角膜 21.1

jiǎomó yízhí 角膜移植 7.43

jiǎomó cáiliào 角膜材料 23.10

jiàoxùn 教训 7.66

jiǎozhèng 矫正 9.6

jiào-kǔ-lián-tiān 叫苦连天 14.160

jiāqiáng	加強	7.68
jiāyǐ	加以	14.134
jíbìng	疾病	30.8
jìbù...yěbù	既不... 也不	14.81
jīcéng	基層	14.46
jìchéng yíchǎn	繼承遺產	7.62
jīdòng	激動	29.6
jiē	接	27.2
jiéhūn	結婚	2.30
jiěchú	解除	13.8
jiēduàn	階段	16.8
jīguāluànjiào	嘰呱亂叫	2.23
jīguāng	激光	2.5
jíhuàyè	極化液	1.9
jīliú	激流	5.1
jìng	敬	14.50
jīngdòng	驚動	29.7
jǐnguǎn shuō	儘管說	30.6
jīnglì	精力	14.151
jìngmài	靜脈	1.7
jīngpí-lìjìn	精疲力盡	14.86
jīngshen shàng	精神上	9.29
jǐnguǎn	儘管	19.5
jīngyàn	經驗	6.10
jìnshēng	晉升	7.20
jīnshǔ	金屬	15.8
jīnshǔlìxué	金屬力學	5.22
jìn...xīnyì	盡... 心意	29.5
jǐnzhāng	緊張	19.8
jíshí	及時	21.3
jiù rén	救人	18.2
jíxìng fèiyán	急性肺炎	10.1
jìxù	繼續	1.6
jǐyǔ	給予	28.20
jízhěn	急診	9.14

jiāqiáng	加强	7.68
jiāyǐ	加以	14.134
jíbìng	疾病	30.8
jìbù...yěbù	既不... 也不	14.81
jīcéng	基层	14.46
jìchéng yíchǎn	继承遗产	7.62
jīdòng	激动	29.6
jiē	接	27.2
jiéhūn	结婚	2.30
jiěchú	解除	13.8
jiēduàn	阶段	16.8
jīguāluànjiào	叽呱乱叫	2.23
jīguāng	激光	2.5
jíhuàyè	极化液	1.9
jīliú	激流	5.1
jìng	敬	14.50
jīngdòng	惊动	29.7
jǐnguǎn shuō	尽管说	30.6
jīnglì	精力	14.151
jìngmài	静脉	1.7
jīngpí-lìjìn	精疲力尽	14.86
jīngshen shàng	精神上	9.29
jǐnguǎn	尽管	19.5
jīngyàn	经验	6.10
jìnshēng	晋升	7.20
jīnshǔ	金属	15.8
jīnshǔlìxué	金属力学	5.22
jìn...xīnyì	尽... 心意	29.5
jǐnzhāng	紧张	19.8
jíshí	及时	21.3
jiù rén	救人	18.2
jíxìng fèiyán	急性肺炎	10.1
jìxù	继续	1.6
jǐyú	给予	28.20
jízhěn	急诊	9.14

jì-lái-zhī,zé-ān-zhī	既來之，則安之	30.9
juézé	抉擇	31.5
jùpà	懼怕	31.2
jùtǐ	具體	2.4
júxíng	舉行	14.27
júzi	橘子	16.2

K

kàngzāi jiùzāi	抗災救災	14.85
kǎolǜ bùzhōu	考慮不週	7.58
kǎolǜ	考慮	14.5
kēyán	科研	14.118
kèchéng	課程	14.124
kējì	科技	7.30
késou	咳嗽	9.32
kōnghuà	空話	7.39
kòngbái	空白	2.3
kóngpà	恐怕	7.47
kōngqì	空氣	19.9
kuàilè	快樂	5.3
kǔn	綑	24.15
kùnnán	困難	30.5
kuòzhǎn	擴展	15.12
kúsè	苦澀	14.113

L

lànghuā	浪花	5.2
lǎobǎn	老板	14.92
láolèi	勞累	28.3
lǎo yíbèi	老一輩	20.16
lā-jiā-dài-kǒu	拉家帶口	29.12
lèguān	樂觀	30.7
lěngdòng	冷凍	2.10

jì-lái-zhī,zé-ān-zhī	既来之，则安之	30.9
juézé	抉择	31.5
jùpà	惧怕	31.2
jùtǐ	具体	2.4
jǔxíng	举行	14.27
júzi	橘子	16.2

K

kàngzāi jiùzāi	抗灾救灾	14.85
kǎolǜ bùzhōu	考虑不周	7.58
kǎolǜ	考虑	14.5
kēyán	科研	14.118
kèchéng	课程	14.124
kējì	科技	7.30
késou	咳嗽	9.32
kōnghuà	空话	7.39
kòngbái	空白	2.3
kǒngpà	恐怕	7.47
kōngqì	空气	19.9
kuàilè	快乐	5.3
kǔn	捆	24.15
kùnnán	困难	30.5
kuòzhǎn	扩展	15.12
kǔsè	苦涩	14.113

L

lànghuā	浪花	5.2
lǎobǎn	老板	14.92
láolèi	劳累	28.3
láo yíbèi	老一辈	20.16
lā-jiā-dài-kǒu	拉家带口	29.12
lèguān	乐观	30.7
lěngdòng	冷冻	2.10

liàn'ài	戀愛	6.2
liánxì	聯繫	27.7
líchóu	離愁	14.115
lièwén	裂紋	15.10
lì guì	立櫃	12.2
lìhai	厲害	9.41
líhūn	離婚	20.8
lìjì	立即	16.17
lìlái	歷來	18.13
línchuáng jīngyàn	臨牀經驗	7.50
lǐngdǎoshàng	領導上	18.7
liú	留	2.18
lì-bù-cóng-xīn	力不從心	14.148
lòushì	陋室	14.60
Lǔ Xùn	魯迅	14.67
Lù Fàng Wēng	陸放翁	14.127
luàncuàn	亂竄	29.1
lún dào nǐ	輪到你	8.13
luòhòu	落後	2.2
luòshí	落實	7.36
lǜwù	濾物	9.36

M

má	麻	25.3
mà	罵	14.37
mài	邁	24.30
mángyú	忙於	31.6
mǎnshì luànbèng	滿世亂蹦	24.20
Mǎliè zhǔyì	馬列主義	30.10
méngzài gǔlǐ	蒙在鼓裡	30.2
mèng zhōng	夢中	1.3
ménkǎnr	門坎兒	24.31
miànyì	面議	14.110
míngjiào	鳴叫	5.9

liàn'ài	恋爱	6.2
liánxì	联系	27.7
líchóu	离愁	14.115
lièwén	裂纹	15.10
lì guì	立柜	12.2
lìhai	厉害	9.41
líhūn	离婚	20.8
lìjì	立即	16.17
lìlái	历来	18.13
línchuáng jíngyàn	临床经验	7.50
lǐngdǎoshàng	领导上	18.7
liú	留	2.18
lì-bù-cóng-xīn	力不从心	14.148
lòushì	陋室	14.60
Lǔ Xùn	鲁迅	14.67
Lù Fàng Wēng	陆放翁	14.127
luàncuàn	乱窜	29.1
lún dào ní	轮到你	8.13
luòhòu	落后	2.2
luòshí	落实	7.36
lǜwù	滤物	9.36

M

má	麻	25.3
mà	骂	14.37
mài	迈	24.30
mángyú	忙于	31.6
mǎnshì luànbèng	满世乱蹦	24.20
Mǎliè zhǔyì	马列主义	30.10
méngzài gǔlǐ	蒙在鼓里	30.2
mèng zhōng	梦中	1.3
ménkǎnr	门坎儿	24.31
miànyì	面议	14.110
míngjiào	鸣叫	5.9

mínzú 民族 14.69

miùlùn 謬論 14.139

mōmōsuǒsuǒ 摸摸索索 8.4

mòshēng 陌生 31.12

N

ná A dàng B 拿 A 當 B 24.23

nǎi 奶 14.65

nán huór 難活兒 14.122

nándé 難得 12.13

nánshě 難捨 28.22

nèilǐ 內裡 29.2

néngnài 能耐 24.29

ǹg 嗯 7.46

níngjìng 寧靜 12.10

O

ò 噢 7.49

P

pài huór 派活兒 8.5

pài chē 派車 27.4

pàntú 叛徒 16.20

pānyuán 攀援 5.17

pàocài 泡菜 14.77

pèi 配 16.6

Péiduōfēi 裴多斐 5.20

pèifu 佩服 18.1

pēngtiáo 烹調 14.102

pī 批 14.24

pī tiáozi 批條子 27.3

piān gāo 偏高 16.12

mínzú	民族	14.69
miùlùn	谬论	14.139
mōmōsuǒsuǒ	摸摸索索	8.4
mòshēng	陌生	31.12

N

ná A dàng B	拿 A 当 B	24.23
nǎi	奶	14.65
nán huór	难活儿	14.122
nándé	难得	12.13
nánshě	难舍	28.22
nèilǐ	内里	29.2
néngnài	能耐	24.29
ǹg	嗯	7.46
níngjìng	宁静	12.10

O

ò	噢	7.49

P

pài huór	派活儿	8.5
pài chē	派车	27.4
pàntú	叛徒	16.20
pānyuán	攀援	5.17
pàocài	泡菜	14.77
pèi	配	16.6
Péiduōfēi	裴多斐	5.20
pèifu	佩服	18.1
pēngtiáo	烹调	14.102
pī	批	14.24
pī tiáozi	批条子	27.3
piān gāo	偏高	16.12

píláo	疲勞	15.7
píng	憑	7.19
píng fāng mǐ	平方米	19.4
píqi	脾氣	24.19
pō	頗	14.96
pò kǒu	破口	2.8
pǔbiàn	普遍	2.13
pūgài	舖蓋	12.4
pǔpǔ tōngtōng	普普通通	7.57

Q

qiǎngjiù	搶救	27.8
qiān-shān-wàn-shuǐ	千山萬水	14.47
qiě bù shuō	且不說	14.83
qiē kāi	切開	9.34
qìguǎnyán	氣管炎	9.40
qīn'ài	親愛	31.15
qīngchūn	青春	5.11
qīng dí	輕敵	9.22
qíngkuàng	情況	18.21
qínláo	勤勞	14.108
qīnmìdi	親密地	5.16
qīnrén	親人	7.5
qiúxié	球鞋	11.2
qīwàng	期望	18.8
qīzi	妻子	14.75
quánqín	全勤	7.52
quándǎ-jiǎotī	拳打脚踢	14.89
quànquan	勸勸	6.1
quē	缺	30.4
quèshì	却是	14.76
qunǐde	去你的	6.13
qǔxiāo	取消	13.3

pílác	疲劳	15.7
píng	凭	7.19
píng fāng mǐ	平方米	19.4
píqi	脾气	24.19
pō	颇	14.96
pò kǒu	破口	2.8
pǔbiàn	普遍	2.13
pūgài	舖盖	12.4
pǔpǔ tōngtōng	普普通通	7.57

Q

qiǎngjiù	抢救	27.8
qiān-shān-wàn-shuǐ	千山万水	14.47
qiě bù shuō	且不说	14.83
qiē kāi	切开	9.34
qìguǎnyán	气管炎	9.40
qīn'ài	亲爱	31.15
qīngchūn	青春	5.11
qīng dí	轻敌	9.22
qíngkuàng	情况	18.21
qínláo	勤劳	14.108
qīnmìdi	亲密地	5.16
qīnrén	亲人	7.5
qiúxié	球鞋	11.2
qīwàng	期望	18.8
qīzi	妻子	14.75
quánqín	全勤	7.52
quándǎ-jiǎotī	拳打脚踢	14.89
quànquan	劝劝	6.1
quē	缺	30.4
quèshì	却是	14.76
qùnǐde	去你的	6.13
qǔxiāo	取消	13.3

R

réncái	人才	7.35
rēng jìn	扔進	14.34
réngōng hūxī	人工呼吸	28.24
réngōng jīngtǐ	人工晶體	16.5
rén-dào-zhōng-nián	人到中年	14.137
-wànshì-xiū	萬事休	
rèn-láo-rèn-yuàn	任勞任怨	14.61
rènwù	任務	14.19
rù dǎng	入黨	18.9
rùle tǔ	入了土	24.9
rúzǐniú	孺子牛	14.62
rù-xiāng-suí-sú	入鄉隨俗	24.4

S

sāi jìn	塞進	31.8
sāntì zhuō	三屜桌	28.16
sān-lìng-wǔ-shēn	三令五申	7.33
sēng-duō-zhōu-shǎo	僧多粥少	7.28
shǎ yātou	傻丫頭	9.2
shá or shà	啥 or 啥	8.2
sháfā	沙發	12.1
shàncháng	擅長	14.101
shāngkǒu	傷口	9.33
shàngshēng	上升	5.18
shāngxīn	傷心	31.1
shāobǐng	燒餅	11.5
shāoxiē	稍些	28.13
shèhuìxué	社會學	14.130
shèhuì zhǔyì	社會主義	24.12
shēnjū	身居	14.59
shēngjiù	生就	24.17
shēng-bù-féng-shí	生不逢時	14.157

R

réncái	人才	7.35
rēng jìn	扔进	14.34
réngōng hūxī	人工呼吸	28.24
réngōng jīngtǐ	人工晶体	16.5
rén-dào-zhōng-nián	人到中年	14.137
-wànshì-xiū	万事休	
rèn-láo-rèn-yuàn	任劳任怨	14.61
rènwù	任务	14.19
rù dáng	入党	18.9
rùle tǔ	入了土	24.9
rúzǐniú	孺子牛	14.62
rù-xiāng-suí-sú	入乡随俗	24.4

S

sāi jìn	塞进	31.8
sāntì zhuō	三屉桌	28.16
sān-lìng-wǔ-shēn	三令五申	7.33
sēng-duō-zhōu-shǎo	僧多粥少	7.28
shǎ yātou	傻丫头	9.2
shá or shà	啥 or 啥	8.2
shāfā	沙发	12.1
shàncháng	擅长	14.101
shāngkǒu	伤口	9.33
shàngshēng	上升	5.18
shāngxīn	伤心	31.1
shāobǐng	烧饼	11.5
shāoxiē	稍些	28.13
shèhuìxué	社会学	14.130
shèhuì zhǔyì	社会主义	24.12
shēnjū	身居	14.59
shēngjiù	生就	24.17
shēng-bù-féng-shí	生不逢时	14.157

shēnkè	深刻	7.67
shēnqiáng-lìzhuàng	身強力壯	7.51
shēnqǐng	申請	14.22
shēnrù	深入	14.88
shènzhì	甚至	12.3
shī	詩	5.24
shībài	失敗	9.24
shìdào	世道	24.11
shīfu	師傅	25.4
shì háo shì dái	是好是歹	24.3
shímíng	失明	16.21
shītòule	濕透了	23.7
shìwángmó	視網膜	2.7
shíyàn shì	實驗室	13.1
shìyìng	適應	31.14
shízi jià	十字架	14.11
shí-chén-dà-hái	石沉大海	7.31
shòu bu liáo	受不了	13.4
shǒu	守	24.5
shòu wěiqū	受委屈	20.14
shòulèi	受累	25.1
shōurù	收入	14.95
shǒushù dāo	手術刀	7.25
shǒushù	手術	5.27
shǒushù tái	手術檯	9.43
shǒuxiān	首先	14.78
shǒuxù	手續	9.7
shǒuyì	手藝	24.27
shuìxiàng	睡像	19.2
shūjí	書籍	12.6
shuōzhe wárde	說着玩兒的	20.5
shùlín	樹林	5.7
shǔyú	屬於	12.7
shù-wó-zhí-yán	恕我直言	7.56
sìhuà	四化	14.146

shēnkè	深刻	7.67
shēnqiáng-lìzhuàng	身强力壮	7.51
shēnqǐng	申请	14.22
shēnrù	深入	14.88
shènzhì	甚至	12.3
shī	诗	5.24
shībài	失败	9.24
shìdào	世道	24.11
shīfu	师傅	25.4
shì háo shì dǎi	是好是歹	24.3
shīmíng	失明	16.21
shītòule	湿透了	23.7
shìwǎngmó	视网膜	2.7
shíyàn shì	实验室	13.1
shìyìng	适应	31.14
shízi jià	十字架	14.11
shí-chén-dà-hǎi	石沉大海	7.31
shòu bu liǎo	受不了	13.4
shǒu	守	24.5
shòu wěiqū	受委屈	20.14
shòulèi	受累	25.1
shōurù	收入	14.95
shǒushù dāo	手术刀	7.25
shǒushù	手术	5.27
shǒushù tái	手术台	9.43
shǒuxiān	首先	14.78
shǒuxù	手续	9.7
shǒuyì	手艺	24.27
shuìxiàng	睡像	19.2
shūjí	书籍	12.6
shuōzhe wárde	说着玩儿的	20.5
shùlín	树林	5.7
shǔyú	属于	12.7
shù-wǒ-zhí-yán	恕我直言	7.56
sìhuà	四化	14.146

síwáng	死亡	1.4
sīxiǎng	思想	7.69
sùzhí	素質	7.15
sǔnshī	損失	20.2

T

tài qiǎole	太巧了	22.3
tàidu	態度	7.59
tǎng	躺	14.18
tāoqián	掏錢	29.11
tèshū	特殊	7.71
tèxǔ	特許	23.2
tiān	添	23.4
tiān-yá-gū-kè	天涯孤客	31.9
tiáojí	調級	7.27
tiáojiàn	條件	28.18
tiáopí	調皮	19.3
tǐgé jiànzhuàng	體格健壯	14.107
tǐlì	體力	14.152
tǐng	挺	8.6
tǐtiē	體貼	28.12
tì tóu dāo	剃頭刀	7.26
tòng	痛	9.5
tòngkǔ	痛苦	13.9
tōngzhī	通知	9.8
tòuzhe	透着	24.21
tuǐ	腿	25.2
tuīguǎng	推廣	2.14
tuìshāo	退燒	9.15
tuōlěi	脫累	20.7
tuōkuǎ	拖垮	15.1
tuōér suǒ	托兒所	10.2
tuōluò	脫落	9.37
tūrán	突然	7.44

síwáng	死亡	1.4
sīxiǎng	思想	7.69
sùzhí	素质	7.15
sǔnshī	损失	20.2

T

tài qiáole	太巧了	22.3
tàidu	态度	7.59
tǎng	躺	14.18
tāoqián	掏钱	29.11
tèshū	特殊	7.71
tèxǔ	特许	23.2
tiān	添	23.4
tiān-yá-gū-kè	天涯孤客	31.9
tiáojí	调级	7.27
tiáojiàn	条件	28.18
tiáopí	调皮	19.3
tígé jiànzhuàng	体格健壮	14.107
tílì	体力	14.152
tíng	挺	8.6
títiē	体贴	28.12
tì tóu dāo	剃头刀	7.26
tòng	痛	9.5
tòngkǔ	痛苦	13.9
tōngzhī	通知	9.8
tòuzhe	透着	24.21
tuǐ	腿	25.2
tuīguǎng	推广	2.14
tuìshāo	退烧	9.15
tuōlèi	脱累	20.7
tuōkuǎ	拖垮	15.1
tuōér suǒ	托儿所	10.2
tuōluò	脱落	9.37
tūrán	突然	7.44

tǔrǎng	土壤	14.36
tūtòu jìng	凸透鏡	16.7
tùzi	兔子	24.18

W

wàngquè	忘却	14.129
wànyī	萬一	9.42
wèi ní	爲你	14.55
wéichéngfèn lùn	唯成分論	18.15
wěidà	偉大	14.68
wèilái	未來	14.58
wèi-bēi-wèi-gán-wàng	位卑未敢忘	14.128
-yōu-guó	憂國	
wénhuà dà gémìng	文化大革命	14.91
wówō-nángnáng	窩窩囊囊	24.8
wúlùn	無論	14.149
wúsuǒwèi	無所謂	2.20
wùzhi shàng	物質上	9.30
wú-wēi-bú-zhì	無微不至	28.10

X

xià bān	下班	9.31
xián gù	先顧	7.11
xián rén	閒人	14.13
xiànchéng	現成	28.15
xiàngmù	項目	14.119
xiángqíng	詳情	29.3
xiāngxìn	相信	14.44
xiǎnwēi	顯微	15.9
xiǎo biàr	小辮兒	14.17
xiǎo niǎo	小鳥	5.5
xiǎoérkē	小兒科	2.21
xiāoledú	消了毒	24.13

tǔrǎng	土壤	14.36
tūtòu jìng	凸透镜	16.7
tùzi	兔子	24.18

W

wàngquè	忘却	14.129
wànyí	万一	9.42
wèi nǐ	为你	14.55
wéichéngfèn lùn	唯成分论	18.15
wěidà	伟大	14.68
wèilái	未来	14.58
wèi-bēi-wèi-gǎn-wàng -yōu-guó	位卑未敢忘 忧国	14.128
wēnhuà dà gémìng	文化大革命	14.91
wōwō-nángnáng	窝窝囊囊	24.8
wúlùn	无论	14.149
wúsuǒwèi	无所谓	2.20
wùzhi shàng	物质上	9.30
wú-wēi-bú-zhì	无微不至	28.10

X

xià bān	下班	9.31
xiān gù	先顾	7.11
xián rén	闲人	14.13
xiànchéng	现成	28.15
xiàngmù	项目	14.119
xiángqíng	详情	29.3
xiāngxìn	相信	14.44
xiǎnwēi	显微	15.9
xiǎo biàr	小辫儿	14.17
xiǎo niǎo	小鸟	5.5
xiǎoérkē	小儿科	2.21
xiāoledú	消了毒	24.13

xiāoxi	消息	9.21
xiē	歇	28.1
xīndiàn	心電	7.2
xīndiàntú	心電圖	16.1
xīndòng yìcháng	心動異常	28.23
xíngzhèng chù	行政處	27.6
xīng-shī-dòng-zhòng	興師動眾	16.9
xìnhào	信號	7.13
xīnjī géngsè	心肌梗塞	1.5
xīnkǔ	辛苦	7.7
xìnrèn	信任	18.5
xīnsī	心思	15.4
xīnxiù	新秀	14.52
xīnzàng	心臟	9.39
xīnzàng bìng	心臟病	7.40
xīn-shén-bú-dìng	心神不定	31.11
xiōngbù	胸部	16.10
Xiōngyalì	匈牙利	5.19
xīshēng	犧牲	14.80
xiù	繡	19.1
xiūdào	修道	2.34
xiūdào yuàn	修道院	2.33
xuǎnzé	選擇	18.12
xuèyā	血壓	7.4
xúnhuí	巡迴	14.84
xúnsī	尋思	29.4

Y

yā zài	壓在	14.120
yànhuì	宴會	14.28
yǎn nèi	眼內	9.35
yǎngbìng	養病	32.2
yángé	嚴格	2.19
yángguāng	陽光	6.5

xiāoxi	消息	9.21
xiē	歇	28.1
xīndiàn	心电	7.2
xīndiàntú	心电图	16.1
xīndòng yìcháng	心动异常	28.23
xíngzhèng chù	行政处	27.6
xīng-shī-dòng-zhòng	兴师动众	16.9
xìnhào	信号	7.13
xīnjī géngsè	心肌梗塞	1.5
xīnkǔ	辛苦	7.7
xìnrèn	信任	18.5
xīnsī	心思	15.4
xīnxiù	新秀	14.52
xīnzàng	心脏	9.39
xīnzàng bìng	心脏病	7.40
xīn-shén-bú-dìng	心神不定	31.11
xiōngbù	胸部	16.10
Xiōngyalì	匈牙利	5.19
xīshēng	牺牲	14.80
xiù	绣	19.1
xiūdào	修道	2.34
xiūdào yuàn	修道院	2.33
xuánzé	选择	18.12
xuèyā	血压	7.4
xúnhuí	巡回	14.84
xúnsī	寻思	29.4

Y

yā zài	压在	14.120
yànhuì	宴会	14.28
yǎn nèi	眼内	9.35
yǎngbìng	养病	32.2
yángé	严格	2.19
yángguāng	阳光	6.5

yǎngzhe 養着 32.1
yǎnkē 眼科 2.1
yǎnqián 眼前 7.12
yǎnshén bújì 眼神不濟 8.3
yánzhe 沿着 5.13
yǎnzhū 眼珠 16.15
yào 藥 29.9
yāoqiú 要求 14.111
yáoyuǎn 遥遠 3.3
yèwǎn 夜晚 12.12
yèwù 業務 15.3
yì céng mó 一層膜 24.24
yí dà duī 一大堆 20.9
yíguàn 一貫 7.23
yíhàn 遺憾 28.19
yì jí 一級 7.8
yīlì 毅力 31.4
yīliáo 醫療 9.18
yīliáo xiǎozǔ 醫療小組 9.19
yìmǎshì 一碼事 24.25
yīngsùjiǎn 罌粟鹼 1.10
yǐwǎng 以往 1.2
yì-zhēn-yí-xiàn 一針一線 5.28
yì-guó-tā-xiāng 異國他鄉 14.35
yǒng bié 永別 28.5
yǒnggǎn 勇敢 14.109
yòu pài 右派 14.131
yǒu-suǒ-zuò-wéi 有所作爲 20.6
yǒuyí 友誼 14.57
yuánliàng 原諒 28.8
yuǎn-qīn-bù-rú-jìn-lín 遠親不如近鄰 14.12
yǔ diào 語調 22.2
yùle xiān 遇了仙 24.28
yùliào 預料 14.31
yūn 暈 23.9

yǎngzhe	养着	32.1
yǎnkē	眼科	2.1
yǎnqián	眼前	7.12
yǎnshén bújì	眼神不济	8.3
yánzhe	沿着	5.13
yǎnzhū	眼珠	16.15
yào	药	29.9
yāoqiú	要求	14.111
yáoyuǎn	遥远	3.3
yèwǎn	夜晚	12.12
yèwù	业务	15.3
yì céng mó	一层膜	24.24
yí dà duī	一大堆	20.9
yíguàn	一贯	7.23
yíhàn	遗憾	28.19
yì jí	一级	7.8
yìlì	毅力	31.4
yīliáo	医疗	9.18
yīliáo xiǎozǔ	医疗小组	9.19
yìmǎshì	一码事	24.25
yīngsùjiǎn	罂粟鹼	1.10
yíwǎng	以往	1.2
yì-zhēn-yí-xiàn	一针一線	5.28
yì-guó-tā-xiāng	异国他乡	14.35
yǒng bié	永别	28.5
yǒnggǎn	勇敢	14.109
yòu pài	右派	14.131
yǒu-suǒ-zuò-wéi	有所作为	20.6
yǒuyí	友谊	14.57
yuánliàng	原谅	28.8
yuǎn-qīn-bù-rú-jìn-lín	远亲不如近邻	14.12
yǔ diào	语调	22.2
yùle xiān	遇了仙	24.28
yùliào	预料	14.31
yūn	晕	23.9

yùndòng huì	運動會	11.1
yùnzhuǎn	運轉	14.154
yùyuē běn	預約本	8.12

Z

zā	紮	14.16
záhuór	雜活兒	14.106
zàiyú	在於	14.4
zāng	髒	24.14
zánmen	咱們	2.35
zàochéng	造成	9.23
zāoyāng	遭殃	14.73
zāoyù	遭遇	14.41
zhànzhēng	戰爭	20.15
zhāichú	摘除	2.11
zhànxiàn	戰線	14.116
zhàn yǒu	戰友	16.3
zhào dào	照到	14.48
zhàogù	照顧	8.7
zhàoyàng	照樣	20.10
zhémo	折磨	28.21
zhēn líng	真靈	23.1
zhēn	針	22.4
zhēng zhǔ	蒸煮	14.103
zhěng xiā	整瞎	17.2
zhěng tiān	整天	2.22
zhèngcè	政策	7.38
zhèngcháng	正常	16.11
zhēngqì	爭氣	8.9
zhēngqǔ	爭取	18.10
zhēn guài	真怪	5.21
zhēnguì	珍貴	12.9
zhèngzhì	政治	7.70
zhèngzhì biǎoxiàn	政治表現	18.17

yùndòng huì	运动会	11.1
yùnzhuǎn	运转	14.154
yùyuē běn	预约本	8.12

Z

zā	扎	14.16
záhuór	杂活儿	14.106
zàiyú	在于	14.4
zāng	脏	24.14
zánmen	咱们	2.35
zàochéng	造成	9.23
zāoyāng	遭殃	14.73
zāoyù	遭遇	14.41
zhànzhēng	战争	20.15
zhāichú	摘除	2.11
zhànxiān	战線	14.116
zhàn yǒu	战友	16.3
zhào dào	照到	14.48
zhàogù	照顾	8.7
zhàoyàng	照样	20.10
zhémo	折磨	28.21
zhēn líng	真灵	23.1
zhēn	针	22.4
zhēng zhǔ	蒸煮	14.103
zhěng xiā	整瞎	17.2
zhěng tiān	整天	2.22
zhèngcè	政策	7.38
zhèngcháng	正常	16.11
zhéngqì	争气	8.9
zhēngqǔ	争取	18.10
zhēn guài	真怪	5.21
zhēnguì	珍贵	12.9
zhèngzhì	政治	7.70
zhèngzhì biǎoxiàn	政治表现	18.17

zhèngzhì chù	政治處	27.5
zhēnxī	珍惜	7.34
zhībù	支部	7.29
zhìdìng	制定	9.11
zhìlì	智力	14.150
zhīpèi	支配	12.8
zhíshi fènzi	知識分子	7.37
zhìzào	製造	19.7
zhízhù	支柱	14.51
zhòng huór	重活兒	14.121
zhòng dàn	重擔	14.8
zhòng diǎn	重點	14.117
Zhōnghuá mínzú	中華民族	14.38
zhōngnián	中年	1.1
zhōngyāng	中央	14.45
zhòngyòng	重用	14.158
zhòngzài	重在	18.16
zhuān tí	專題	13.2
zhuǎn	轉	20.12
zhúbù	逐步	15.11
zhùhè	祝賀	6.9
zhǔnbèi	準備	9.27
zhǔrèn jí	主任級	7.21
zhùshè	注射	1.11
zhù yuànyī(shéng)	住院醫(生)	2.27
zhǔzhì dàifu	主治大夫	7.22
zìgěr	自個兒	29.10
zīliào	資料	2.15
zìsī	自私	14.70
zǐsūn	子孫	14.40
zǒngjī	總機	27.1
zuì	罪	13.6
zǔlì	阻力	7.65
zuǒ pài	左派	14.136
zuò wō	做窩	5.8

zhèngzhì chù	政治处	27.5
zhēnxī	珍惜	7.34
zhībù	支部	7.29
zhìdìng	制定	9.11
zhìlì	智力	14.150
zhīpèi	支配	12.8
zhīshi fènzi	知识分子	7.37
zhìzào	制造	19.7
zhīzhù	支柱	14.51
zhòng huór	重活儿	14.121
zhòng dàn	重担	14.8
zhòng diǎn	重点	14.117
Zhōnghuá mínzú	中华民族	14.38
zhōngnián	中年	1.1
zhōngyāng	中央	14.45
zhòngyòng	重用	14.158
zhòngzài	重在	18.16
zhuān tí	专题	13.2
zhuǎn	转	20.12
zhúbù	逐步	15.11
zhùhè	祝贺	6.9
zhǔnbèi	准备	9.27
zhǔrèn jí	主任级	7.21
zhùshè	注射	1.11
zhù yuànyī(shēng)	住院医(生)	2.27
zhǔzhì dàifu	主治大夫	7.22
zìgěr	自个儿	29.10
zīliào	资料	2.15
zìsī	自私	14.70
zǐsūn	子孙	14.40
zǒngjī	总机	27.1
zuì	罪	13.6
zǔlì	阻力	7.65
zuǒ pài	左派	14.136
zuò wō	做窝	5.8